LLYGAD Y DYDD

KATHLEEN WOOD

Gwasg
Gwynedd

Argraffiad Cyntaf — Rhagfyr 1995

© Kathleen Wood 1995

ISBN 0 86074 123 0

**Dymuna'r cyhoeddwyr gydnabod cymorth
Adrannau Cyngor Llyfrau Cymru**

*Cyhoeddwyd ac argraffwyd gan
Wasg Gwynedd, Caernarfon.*

CYFLWYNEDIG I
GARETH AC EIDDWEN
ER COF AM DAD

CART ACHAU
O RAI O BRIF GYMERIADAU'R NOFEL AC ERAILL

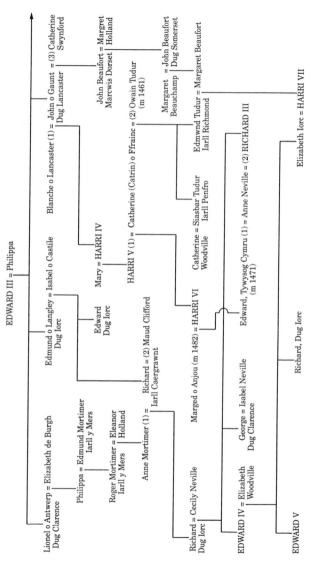

Y PRIF GYMERIADAU

SIASBAR TUDUR (c 1431-95)
Iarll Penfro, ail fab i Owain Tudur a'i wraig, Catrin (Catherine), merch Charles V, brenin Ffrainc. Cafodd ei ddwyn i fyny gyda'i frawd hŷn, Edmwnd. Roedd eu hanner brawd brenhinol (Harri VI) yn bur ofalus o'r ddau ohonyn nhw. Cafodd Siasbar ei ddyrchafu'n farchog yn 1452 ac roedd ganddo gryn lais yng ngwleidyddiaeth ei ddydd. Ymladdai o blaid y Lancastriaid yn erbyn yr Iorciaid a chanai beirdd Cymru ei glodydd. Cymerodd ran ym mrwydr Mortimer's Cross (Chwefror 1461). Dihangodd o faes y frwydr wedi gwisgo fel rhywun arall. Bu ar ffo am gryn dipyn cyn mynd i'w alltudiaeth olaf yn Llydaw. Roedd wedi ymgymryd i ofalu ar ôl Harri Tudur (Harri VII yn ddiweddarach) ac ef oedd ei brif gynghorydd pan oedd yn alltud yn Llydaw. Roedd gyda Harri ym mrwydr Bosworth yn 1485.

WILIAM HERBERT (bu farw 1469)
Iarll Penfro, milwr a gwladweinydd. Cafodd ei ddyrchafu'n farchog yn 1450. Roedd ganddo gryn ddiddordeb yn yr ymdrechion rhwng y Lancastriaid a'r Iorciaid ond roedd yn dueddol i'r Iorciaid. Dywedir mai'r dueddd hon a sicrhaodd fuddugoliaeth iddyn nhw ym mrwydr Mortimer's Cross yn Chwefror 1461. Roedd yn bresennol yn y Cyfrin Gyngor pan ddyrchafwyd Edward Iorc yn frenin ac adeg y coroni cafodd ei wneud yn Arglwydd Herbert o Raglan. Roedd y brenin yn gryf o'i blaid. Cymerwyd ef yn garcharor ym mrwydr Edgecote yng Nghorffennaf 1469 ac fe'i dienyddiwyd. Teimlai beirdd Cymru fod hyn yn drychineb mawr.

OWAIN TUDUR (c 1400-61)
Ef oedd taid y brenin Harri VII. Pan oedd yn ifanc mae'n debyg iddo fod yn was yng ngorseddlu'r brenin Harri V. Yn ôl traddodiad cwympodd gweddw'r brenin (mam Harri VI) mewn cariad ag ef a dywedir iddyn nhw briodi'n ddirgel yn 1429. Ganwyd iddyn nhw nifer o blant, yn eu plith Edmwnd, iarll Richmond (tad Harri VII) a Siasbar, Iarll Penfro. Roedd y brenin Harri VI yn bur

hoff ohono. Cymerwyd ef yn garcharor ar ôl brwydr Mortimer's Cross ac aed ag ef i Henffordd. Fe'i dienyddiwyd yno.

HARRI VI (1421-71)

Ef oedd brenin Lloegr o 1422 hyd 1461 ac o 1470 hyd 1471. Roedd yn fab i Henry V a Catherine (Catrin) o Valois. Fe'i coronwyd yn frenin Lloegr ar 6 Tachwedd 1429 ac yntau'n naw mis oed. Yn 1442 daeth i'w oed yn gyfreithiol. Y dylanwad mawr arno'r cyfnod hwn oedd Henry Beaufort, esgob Winchester. Fe'i coronwyd yn frenin Lloegr ar 6 Tachwedd 1429. Tyfodd i fod yn dduwiolfrydig a myfyrgar. Treuliai oriau lawer yn astudio a doedd fawr ddim diddordeb ganddo mewn rheoli gwlad. Ni ddysgodd sut i adnabod dynion ac roedd yn or-hael tuag at bawb. Sefydlodd goleg Eton yn 1440 a Choleg y Brenin, Caer-grawnt yn 1441. Aeth yn wallgof yn 1453, ond hyd yn oed cyn hynny, doedd ei feddwl ddim yn gadarn. Gan nad oedd yn talu sylw i deyrnasu, roedd ei gynghorwyr yn rheoli yn ei le. Roedd yn gas ganddo dywallt gwaed a mynnai gytundebau ar bob cyfle. Ym Mai 1444 trefnodd dug Suffolk gytundeb rhwng Lloegr a Ffrainc, ac fel rhan o'r cytundeb hwnnw, daeth Margaret o Anjou, nith i frenhines Ffrainc, yn wraig iddo ar 23 Ebrill 1445. Roedd rhaid talu am hyn oll a bu raid i Harri ildio Maine i Ffrainc yn Rhagfyr 1445. Roedd Edmund Beaufort, dug Somerset a Richard, dug Iorc yn ymgodymu am reoli ar ran y brenin a bu'r ymrafael rhyngddyn nhw'n ffordd o ddwyn awdurdod y Lancastriaid i ben yn raddol. Wedi i'r brenin wallgofi penodwyd Richard, dug Iorc yn arglwydd amddiffynnydd ym Mawrth 1454, ond roedd genedigaeth Edward, tywysog Cymru ar 13 Hydref 1453 wedi cymhlethu pethau a difetha'i obeithion i ennill yr olyniaeth i'r orsedd. Un o ganlyniadau Harri'n gwella o'i salwch oedd y rhyfel cartref. Roedd dug Somerset wedi cael ei garcharu ond adferwyd ef i rym yn Chwefror 1455. Ym mrwydr Sant Alban ar 22 Mai 1455, concrwyd byddin y brenin a lladdwyd dug Somerset. Aeth dug Iorc i ail dymor o fod yn arglwydd amddiffynnydd. Bu cryn frwydro rhwng gwahanol garfannau wedi hyn ac ym mrwydr Northampton ar 10 Gorffennaf 1460 cipiwyd y brenin gan yr Iorciaid. Yn y senedd ym mis Hydref, hawliodd dug Iorc y goron ond cytunwyd i Harri gadw'i orsedd. Er hynny fe'i gorfodwyd i gydnabod Iorc fel etifedd llawn y goron a diarddel ei fab ei hun. Er i ddug Iorc golli'r dydd a chael ei ladd ym mrwydr Wakefield ar 30 Rhagfyr 1460, ailgipiwyd Harri gan y Lancastriaid yn ail frwydr Sant Alban ar 17 Chwefror 1461. Yma enillodd yr Iorciaid y rhyfel cartref a daeth teyrnasiad Harri i ben yn swyddogol pan gyhoeddwyd Edward, etifedd Richard, yn frenin yn Llundain ar 4 Mawrth. Wedi brwydr Towton ar 29 Mawrth dihangodd y brenin gyda'i wraig a'i blentyn i'r Alban. Ar ôl cuddio am rai blynyddoedd fe'i cipiwyd ger Clitheroe, swydd Gaerhirfryn, yng Ngorffennaf 1465 ac fe'i carcharwyd yn Nhŵr Llundain. Oherwydd cweryl rhwng Richard Neville, iarll Warwig ac Edward IV, adferodd iarll Warwig ei orsedd i Harri ym mis Hydref 1470. Ond dim ond am rai misoedd y parhaodd hyn a gorymdeithiodd Edward i Lundain ar 11 Ebrill 1471. Lladdwyd y tywysog Edward yn Tewkesbury ar 4 Mai a daeth bywyd Harri i ben yn y Tŵr ar 21 Mai. Cafodd Harri ei ystyried yn sant wedi ei farw.

EDWARD IV (1442-83)

Roedd yn frenin Lloegr o 1461 hyd 1483, ar wahân i gyfnod byr o Hydref 1470 hyd Ebrill 1471, pan adferwyd Harri VI i'r orsedd. Ef oedd mab hynaf Richard, dug Iorc a Cicely, merch Ralph Neville. Fe'i ganwyd yn Rouen, Ffrainc. Roedd yn ddisgynydd ar ochr ei dad i'r brenin Edward III. Wedi i lywodraeth y brenin Harri VI golli ei pharch oherwydd ei gwendid a'i methiannau yn Lloegr a Ffrainc gallodd hawlio'r goron oherwydd yr olyniaeth, er gwaethaf gwrthwynebiad y Lancastriaid. Enillodd y dydd ym mrwydr Mortimer's Cross a gorymdeithiodd i Lundain i gael ei gyhoeddi'n frenin ar 4 Mawrth. Rai dyddiau'n ddiweddarach, concrodd y Lancastriaid mewn brwydr yn Towton. Bu raid i'r brenin Harri a'i wraig Margaret ffoi i'r Alban a choronwyd ef ar 28 Mehefin 1461. Yr un a frwydrodd fwyaf o'i blaid oedd ei gefnder Richard Neville, iarll Caersallog, yn ogystal ag iarll Warwig, un o ddynion mwyaf nerthol Lloegr. Enillodd nifer o gyfeillion oherwydd ei natur foneddigaidd. Ym Mai 1464, priododd â gweddw hardd, Elizabeth Woodville. Cododd hyn wrychyn Warwig ac aeth yn bleidiol i'r frenhines Margaret. Yn Ebrill 1471, glaniodd honno yn Dorset gyda'i mab, tywysog Cymru gan obeithio cael cymorth y Lancastriaid yng Nghymru, ond pan oedd ar ei ffordd i'r wlad fe'i concrwyd gan y brenin ym mrwydr Tewkesbury ar 4 Mai. Lladdwyd y rhan fwyaf o'r Lancastriaid dylanwadol yn y brwydro, neu fe'u crogwyd wedi hynny. Wedi i Harri VI golli ei fywyd doedd dim yn bygwth Edward.

MARGARET O ANJOU (1429-82)

Brenhines i Harri VI, brenin Lloegr a merch i René o Anjou. Fe'i codwyd yn Anjou gan ei nain Yolande o Aragon ac fe'i rhoddwyd i Harri fel rhan o gytundeb heddwch rhwng Lloegr a Ffrainc. Fe'u priodwyd yn abaty Titchfield ar 23 Ebrill 1445. Daeth i Loegr heb ddim ond ei harddwch yn waddol iddi, gan fod ei thad mor dlawd â llygoden eglwys. Roedd ei rhoi'n frenhines yn arwydd bod Ffrainc wedi ildio, ac addawodd Lloegr lacio'i gafael ar Maine fel rhan o gytundeb y briodas. Iarll Suffolk a drefnodd y briodas a daeth yn gyfaill oes i'r frenhines. Yn fuan wedi iddi hi ddod i Loegr daeth yn rhan o'r ymrafael rhwng yr Iorciaid a'r Lancastriaid. Ar 13 Hydref 1452 ganwyd ei hunig blentyn. Yn anffodus iddi aeth ei gŵr yn wallgo cyn yr enedigaeth. Arweinydd naturiol y llywodraeth wedi hyn fyddai dug Iorc ond roedd Margaret yn ei amau a daeth hwnnw'n elyn iddi. Ym Mai 1455 aeth i frwydr yn erbyn ei lluoedd hi yn Sant Alban. Yno bu farw dug Somerset a chipiwyd y brenin gan roi rhwydd hynt i ddug Iorc i'r orsedd, ond ymladdodd Margaret i gael gwared arno a llwyddodd i wneud hynny yn 1456. Bu llawer o frwydro wedi hyn ac wedi brwydr Towton ym Mawrth 1461 bu raid iddi hi ffoi i'r Alban. Yn 1470, roedd yn barod i ddod i gytundeb gydag iarll Warwig a chytunodd i'w mab briodi ei ail ferch, Anne. Roedd hi'n dal i ddrwgdybio Warwig ac wedi i Harri gael ei adfer i'r orsedd mynnodd aros yn Ffrainc. Ond ar 14 Ebrill, glaniodd gyda'i mab ar dir Lloegr, y diwrnod y lladdwyd iarll Warwig gan luoedd Edward yn Barnet. Penderfynodd fynd i Gymru i chwilio am gefnogaeth y Lancastriaid ond gwelodd Edward ei chynlluniau a daeth i gwrdd â hi yn Tewkesbury. Mewn brwydr ar 4 Mai 1471 lladdwyd ei mab a chipiwyd hi. Lai na thair wythnos wedi hynny daeth bywyd ei gŵr i ben. Talodd Lewis XI bridwerth amdani yn 1475 o dan gytundeb Picquigny, a dychwelodd i Ffrainc yn Ionawr 1476. Bu'n byw am chwe blynedd mewn tlodi mawr yn Bar ac Anjou, yn dibynnu ar frenin Ffrainc am ei chynhaliaeth. Ildiodd bob hawl i etifeddiaeth ei thad i'r brenin, a bu farw ger Saumur ar 25 Ebrill 1482. Fe'i claddwyd yng Nghadeirlan Angers.

I

Bod yn wraig briod neu beidio. Mae hwn yn gwestiwn y dylid ei adael i bob merch ei benderfynu drosti ei hun, ond ni ddigwydd felly i ferch llys. Eiddo gwladwriaeth oer yw, gorff ac enaid, fel pe na bai'n ddim ond peth, yn ddienw ac yn ddideimlad.

Roedd fy nhad yn rhyw lun o frenin; brenin Napoli oedd ei deitl, enw gwag gan nad oedd ganddo na stad nac anrhydedd. Roedd yn rhy dlawd hyd yn oed i dalu ei bridwerth ei hun i ddug Bwrgwyn, cynffonnwr y Saeson, ac âi i fewn ac allan o garchar fel llygoden dan bawen cath. Oherwydd hyn, edrychai fy rhieni ar gynnig Harri VI, brenin Lloegr a chyfran sylweddol o Ffrainc y pryd hwnnw, am fy llaw, yn anrhydedd nid bychan, ac yn fanna o'r nefoedd iddyn nhw yn eu sefyllfa ariannol. Yn eu hawr loywaf ni fu iddyn nhw ddychmygu, gan gymaint eu distadledd, y rhoddai eu hail ferch y fath bluen yn eu het, trwy ennill gwrogaeth Lloegr a Ffrainc.

Pam y dewiswyd fi Marged, bymtheg oed? Roeddwn mor ddisylw â drudwen, mor ddiddylanwad â chwannen, ac mor dlawd â thaeog. Nid oedd imi hatling gwraig weddw o waddol. Roedd Harri naw mlynedd yn hŷn na fi, yn ddyn mewn oed, er nad oedd yn ddigon hen i fod yn daid i mi, fel gwŷr llawer o'm cyfoedion. Uwch fy mhen dyrnai Mam, 'Rwyt ti'n lwcus cael y cynnig. Dyma ti â gobaith byw uwchben dy ddigon yn troi dy drwyn. Mi fasa naw o bob deg o genod Ewrop yn neidio at y cynnig.'

Doeddwn i ddim elwach o weiddi, 'Croeso iddyn nhw. Dydw i ddim hyd yn oed yn 'i nabod o. Wnath o rioed yrru na cherdd na llatai ata i.'

'Be wyt ti isio, hogan,' meddai hithau, 'rhyw drwbadŵr penchwiban i fwmian cerdd Ofydd dan dy ffenast di, i ffugio marw o wayw serch? Nid dyna be 'di byw pob dydd, rhyw falu awyr am eira gwyn a lilïau. Does gen ti mo'r wyneb na'r lliw fel aur afal i dynnu dynion. Ma' dy wallt di yn rhy goch.' Ar hyn rhoes blwc sydyn i'w odreon nes bod fy llygaid yn llenwi fel pyllau'r fawnog.

Daliais ati, gan geisio cael fy maen i'r wal er mai Mam oedd ceiliog y domen yn ein tŷ ni.

'Beth am ferch dug Armanag?' meddwn, gan obeithio peri iddi sylweddoli mai tipyn o dderyn oedd Harri Lloegr. 'Ma' rhyw fwg yn fanno. Ro'n i'n meddwl fod y cwlwm wedi'i dynhau yno.'

'O, mi ath hynny i'r gwellt ers hydion,' meddai hithau, oedd yn gwybod popeth. 'Ha bach Mihangel fu'i ddiddordeb ynddi hi. Ti ydi cannwyll 'i lygad o rŵan.'

Cannwyll 'i lygad o, myn brain i. Lles Ffrainc oedd yn llygad meddwl Mam, a doeddwn i ddim elwach croeshoelio fy hun ar ei hystyfnigrwydd teuluaidd. Roedd hi'n fwy pengaled na fi a doedd 'Nhad, fel arfer, yn dweud dim.

Tybed a oedd a wnelo Harri rywbeth â'r dewis? Tybed ai pric pwdin oedd yntau hefyd? Dyna'r meddyliau a'm corddai wrth i mi sylweddoli mai arnaf i y disgynnodd y coelbren.

Yn ôl y sôn, mynach o frenin ydoedd, yn gwisgo'i grefydd ar ei lawes. Ar y pryd roedd yn wleidyddol gyfleus uno gorsedd Lloegr â llys Ffrainc, gan fod rhyfel hir-hoedlog yn gwaedu'r ddwy wlad. Aeth Siân d'Arc, a allasai fod wedi achub Ffrainc â'i gweledigaethau cyfrin, yn destun crechwen ac yn danwydd i goelcerth y Saeson ym mil pedwar un dau. Roedd fy ngwlad mewn argyfwng. Ni sylweddolwyd ar y pryd y byddai ei chyfriniaeth yn ddylanwad rhyfedd o'r tu hwnt i'r bedd, dylanwad fyddai'n newid holl gwrs y rhyfel. Wedi ei thranc y datblygodd yn ymgorfforiad o ysbryd gwrthsefyll ym mhobl Ffrainc, yn fwy o rith nag o berson o gig a gwaed, y ferch werinol a wisgai lifrai milwrol fel pe bai wedi ei geni ynddyn nhw. Ni ddangosodd arlliw o wendid honedig ei rhyw, na fawr o rywioldeb chwaith. Pan oedd ar dir y byw, mor gyson â chawodydd o law deuai iddi weledigaethau o seintiau a chlywai eu lleisiau byth a hefyd. Cynhalient ei hargyhoeddiadau iddi gael ei hawdurdodi gan Dduw i achub yr Aer, a'i arwain wysg ei drwyn i dderbyn coron Ffrainc, yn groes i ewyllys ei fam.

Mil pedwar pedwar pump oedd blwyddyn ein priodas, yn eglwys Sant Martin yn Nancy. Dug Suffolk oedrannus oedd dirprwy'r priodfab ac yn nwylo f'ewythr, brenin Ffrainc, y gadawyd yr holl drefniadau. Sêl ar gadoediad mewn rhyfel a fu'n mynd a dŵad fel llanw'r môr ydoedd, heb rithyn o ramant, a digwyddodd yng ngŵydd cynulleidfa ddieithr hollol imi. Yn ffodus, hoffais yr hen ddug a'i wraig ar yr olwg gyntaf a blodeuodd cyfeillgarwch oes rhyngom. Er iddo ef dreulio'r ddwy flynedd ar bymtheg diwethaf yn ymdrybaeddu yn y rhyfel a chrynhoi cyfoeth ohoni, roedd yn od o eiddgar am heddwch. Gobeithiai, fel llaweroedd eraill, fod fy mhriodas yn arwydd bod senedd Lloegr wedi penderfynu o'r diwedd mai hoelen farw oedd ei chais am orsedd Ffrainc, ac y bodlonai'n unig ar hawlio tiroedd, a'u sicrhau â chwlwm fy mhriodas.

I'm hanrhydeddu, cynhaliwyd twrnameint. Yno, eisteddwn, yn llond fy nghroen o frenhines, rhwng dwy frenhines arall, fy mam a'm modryb, brenhines Ffrainc. Curai fy nghalon fel gordd pan welwn brif farchogion y wlad yn crynhoi i ymladd. Ar eu siercynnau roedd f'arwyddlun i'n amlach na dim — fy llygad y dydd; y blodyn bach gwerinol a'i betalau yn binnau gwynion a belydrai o gwmpas haul bach melyn. I mi roedd yn sefyll allan yn glir, yn fath o sgwd liwgar a fyrlymai'n ôl ac ymlaen yn blith-draphlith. Yn wir codai'r fath donnau o liw'r bendro arnaf. Welais i rioed gymaint wedi ymwthio i gyn lleied o le. Doedd nyth morgrug ddim ynddi. Roedd yr orielau yn sang-di-fang a Mam ger fy nghlust yn enwi hwn a'r llall.

'Sbïa'n fa'acw, weli di;' dug hwn a hwn neu arglwyddes hon a hon. Dyn a'i helpo, doedd gen i fawr o glem pwy oedd pwy, na fawr o ddiddordeb chwaith, a minnau yn gwybod, neu'n tybio ar y pryd, fy mod ar adael Ffrainc am byth.

Felly y treuliwyd y tridiau cyntaf. Roedd gweld pobl o bwys y wlad ger ei bron yn rhoi rhyw hwb i galon Mam. Edrychai pawb wrth eu boddau yno er mai prin y dychmygwn y medrent anadlu heb fynnu fy nghymeradwyo'n llawn afiaith o dro i dro. O'm blaen roedd y sgwd liwgar megis siaced fraith, ac ar lawr ffurfiai'r is-uchelwyr tryfrith yn eu gwisgoedd pŵl ymyl dywyll i'r lliwiau uwch eu pennau, gan bwysleisio'u tanbeidrwydd.

Diolchwn nad oedd gennym ni, mwy na 'Nhad a brenin Ffrainc gyferbyn, neb a bwysai ar ein gwynt. Bob hyn a hyn gwelwn nhw'u dau yn mynd a dŵad fel y mynnen nhw, gan beri i'r dorf, er y wasgfa, agor iddyn nhw fel y Môr Coch. Doedden ni'n tair ddim mor barod i eistedd fel delwau erbyn canol yr wythnos. Pwysai'r chwys fwyfwy arnom bob dydd. Roedd cyn amlyced â'u dillad ar y marchogion, ac ymddangosai'r dorf hefyd fel petai'n drewi ohono. Codai'r sŵn yn boen i'm clustiau.

Bob bore agorai'r distain y gweithrediadau. Cyn iddo dewi lluchiai'r bobl gawodydd o aur ac arian o'r orielau yn eu brwdfrydedd i gymeradwyo a chymell y pencamp-wyr. Yna ffurfient hwythau resi, eu ceffylau'n aflonyddu ac yn pystylad yn eu hawydd i arddangos eu campau. Ni wnâi'r gerddoriaeth ddwyreiniol wyllt a gynyddai yn nharo cyson y drymiau ond eu cynhyrfu'n fwy — cerddoriaeth a ddygwyd rywdro o Balestina gan y Croesgadwyr. Yn y dychlamu yma, a than lygaid barcud y gynulleidfa ddisgwylgar, y gwahoddid y marchogion i ymwanu. Gadawent eu rhesi, dringo i'r llwyfan a chyffwrdd â tharianau'r naill a'r llall cyn cydnabod f'ewythr y brenin a mi yn ein tro. Yna daliai pob un ei wynt tra ymbellhâi'r cystadleuwyr i eithafion y maes. Am eiliad prin syrthiai tawelwch fel y bedd, a phawb yn gwrando am ddadwrdd yr utgyrn. Ta-ra-ra bwm, ta-ra-ra bwm ddwywaith, teirgwaith, a dyna ruthro'n fellt carlamus ar draws y maes, wyneb yn wyneb. Syrthiai'r naill a'r llall yn ben-dra-mwnwgl dan gawod bonllefau'r dorf, torrai arfau'n siwtrws wrth iddyn nhw glecian fel ffrwydron yn erbyn muriau o darianau eu gwrthwynebwyr. Yn alaw uwch y cyfan, gweryrai'r meirch. Cyflawnent dri neu bedwar cyrch fel hyn nes bod y marchogion a'r ceffylau yn foddfa o chwys. Methwn â thynnu fy nwylo oddi ar fy nghlustiau nes i enwau'r goreugwyr gael eu cyhoeddi. O'r diwrnod cyntaf ofnaf mai dyna fu f'ymateb. Daliai'r ysblander fy llygaid ond rhwygai'r dadwrdd fy nghlustiau. Doedd hyn ddim yn plesio fy modryb o gwbl, a sawl tro cuchiodd arnaf. Onid er f'anrhydedd i yr oedd y fath ludded a chwys? Cipiai Mam ei chyfle i frathu arnaf y dylaswn ddangos fy ngwerthfawrogiad. Fel y treuliai'r wythnos âi hynny'n fwy anodd. Cynyddai'r corddi yn fy mol a blinwn yn lân ar y gorfrwdfrydedd. Crwydrai fy sylw.

Byth a hefyd llygadwn fy nhad. Roedd o a'r brenin mewn rhyw gownsela brwd a chymeren nhw fawr o sylw o'r twrnamaint o'u blaenau. Pan welodd Mam a fi fy chwaer Yolande yn ymuno yn eu cynghrair roeddem yn llygaid i gyd. Roeddem ein dwy ar hoelion, ond 'calla dawo' oedd hi yng ngŵydd fy modryb. Rhaid oedd aros i'r oracl brenhinol siarad a brathu'n tafodau at waed.

O'r diwedd, ar chweched diwrnod y twrnamaint, fe'n gwahoddwyd i briodas fy chwaer. Roeddem ein dwy mor syfrdan â saint. Oedd, roedd fy nhad wedi manteisio ar rialtwch fy mhriodas i i'w phriodi hithau ar bwrs y wlad. Druan ohono, roedd wedi'i ddal fel cwningen mewn rhwyd o wneuthuriad pobl eraill. Roedd heb ddimai goch ar ei enw. Diolchwn yn feunyddiol mai'r brenin o'i wirfodd a wynebai holl gost y gloddest yma oedd fel gwledd Balthasar. Fel honno hefyd, parhaodd am wyth niwrnod, ond y pryd hwn, ar derfyn y twrnamaint, daeth pencampwr y pencampwyr i wyneb y ffynnon. Roedd yn rheidrwydd ar bob copa gwalltog ohonom i fod yn ei le a'r gwenau brenhinol mor llydan â gwlad ar bob wyneb ar ddiwrnod mawr y gwobrwyo. Y diwrnod hwnnw roedd y dorf drwchus mor glòs â chroen, yn aros fel bytheiaid am air olaf y brenin. Chwyddai ton y disgwyl mor foliog â phetai ar dorri ar graig. Dychmygwch fy nheimladau pan anogodd y brenin fi i godi, gosod y goron lawryf ar ben yr enillydd a rhoi iddo gwd o aur. Rhedai rhywbeth fel tywod trwy fy nghoesau a phwysai fy mreichiau fel plwm. Ond rywsut, gosodais y goron ar ei ben, fe'i cyferchais, a dodais y cwd yn ei ddwylo. Ni fedrwn edrych ym myw ei lygaid balch. Bu raid iddo ef ymestyn at y cwmwl y safwn i arno. Roedd yn ddigon i droi pen unrhyw ferch bymtheg oed. Eto yn fy nghalon, gwarafunwn ei wobr iddo. Oni fyddai fy nhad wedi gallu gwneud gwell defnydd nag ef o'r cydaid o aur? Er imi geisio hoelio fy holl sylw ar y pencampwr, roeddwn yn ymwybodol iawn fod llygaid fy nhad yn fy serio. Deisyfwn hefyd sêl bendith f'ewythr a'm modryb.

Er hyn, pan ddaeth yn ddiwrnod ymadael â Nancy, roedd fy nghalon yn fy ngwddf a doedd geiriau dwys, tyngedfennol f'ewythr yn rhoi fawr o gysur imi chwaith.

'Dydw i ddim yn meddwl ein bod ni wedi gwneud unrhyw gymwynas â thi, nith, wrth d'osod ar un o brif orseddau Ewrop; prin ei bod yn haeddu dy gael di.'

Darogan chwerw, pe gwyddai, na wnaeth ddim i godi fy nghalon. Roedd honno yn fy sodlau, a phrin y medrwn dorri gair â'm rhieni. Mynnai'r dagrau gronni er eu bod am fy hebrwng eto beth o'r ffordd cyn ffarwelio'n derfynol, a throsglwyddo eu gwarchodaeth drosof i ddwylo dieithr pwysigion Lloegr. Roedd meddyliau cythryblus fy nhad mor amlwg â'r dydd ar ei wyneb, mor anghydnaws â'i natur dawel. Oddi wrth ei sgwrs deallais mai llys o glymbleidiau a gynllwyniai at waed a'm harhosai, a bod yno garfan gref a wrthwynebai fy mhriodas. I 'Nhad, y diniweitiaf o'r diniweitiaid oeddwn, merch a gâi ei harwain fel oen i'r lladdfa. Yn fwriadol cedwais o'i ŵydd yn ystod oriau olaf ein cyd-deithio rhag ofn i'n teimladau fynd dros ben llestri yng ngŵydd pawb.

Roedd duges Suffolk yn barod iawn i ddal fy nghlust, pe na bai ond i'm hargyhoeddi ynghylch rhagorfreintiau fy ngŵr. 'Mae o'n dad cwrteisi,' canmolodd, 'yn fynydd o garedigrwydd, a'i law ar agor i bawb. Ma'i dynerwch mawr yn 'i yrru'n fynych i'w liniau a gwn o brofiad 'i fod o'n ymgroesi rhag casáu ei elynion.'

'Oes 'na neb yn cymryd mantais ar ryw galon-feddalwch felly?' gofynnais, gan gofio am yr holl ymgreinio a seboni oedd yn rhaid troi cefn arno yn llys Ffrainc. Ni chefais ateb pendant; byrlymai fy noddwraig yn ffrwd o glod. 'Mae o'n dipyn o hen ben, cofia, yn rhoi achlust i lên, barddas, cerddoriaeth ac yn arlunio fel dy dad.'

Mae'n debyg ei bod yn disgwyl i hyn fy mhlesio, a 'Nhad yn gwneud fawr o ddim arall ers blynyddoedd. Doedd hi ddim yn sylweddoli bod fy chwiorydd a mi wedi hen laru ar eistedd iddo fel mwmïau. Ar boen fy mywyd ni fedrwn wynebu gwneud hynny i'm gŵr eto. O am fod yn hyll fel pechod. Eto, serch y rhinweddau golau yma, ychwanegodd gan wneud llygaid bach, 'Mi fedri di fod yn benarglwyddes arno. Mi fedri'i roi o yn 'i le ar drawiad. Dangos di iddo fo be 'di be. Mi rwyt ti'n berthynas waed i'w fam o ac mi fydd hynny fel asen yn dy law di.'

Troi eu gwŷr o gwmpas eu bysedd bach a wnaeth fy mam a'm nain erioed, mae'n wir. Efallai y medrwn innau fyw yn ôl fy mympwy yn y diwedd. Penderfynais, cyn troedio daear Lloegr, y byddwn yn frenhines o'm corun i'm sawdl. Roeddwn yn fy ieuenctid gwyrdd, yn hyderus, yn fywiog ac yn llond llaw o ferch, wedi etifeddu'r gwroldeb hwnnw oedd yn nodweddiadol o'm teulu. Anturiwn i ffau'r llewod pe bai raid, gan ymchwyddo mewn rhith o allu. Drachtiais yn ddwfn o ramantau sifalrïaidd y gorffennol a bûm yn pererindota'n gyson at feddfaen Boccaccio. Medrwn fod yn ystyfnig fel mul ac yn wyllt fel baedd. Onid bod yn frenhines oedd arfaeth Duw trwy ddwyfol ordinhad i mi? Daeth llafn o oleuni fel lleuad newydd i oleuo fy nyfodol tywyll a phryderus. Mwya'n y byd a siaradai'r dduges am y brenin, lleia yn y byd o amheuon a goleddwn innau amdano.

Rhygnu ymlaen a wnâi'n gosgordd trwy goedwigoedd clòs, nes cyrraedd Paris ac afon Seine yn loyw wrth ei thraed. Yno roedd y werin allan wrth y cannoedd i'm croesawu, ac roedd eu bonllefau i atseinio yn fy nghlustiau am fisoedd, a chanu clych atgof yn fy nghalon am flynyddoedd. 'Llygad y dydd, llygad y dydd,' oedd cri'r dorf wrth gyfarch Marged fach o Anjou. Â'u dwylo croesawus lluchient don ar ôl ton ohonynt ar fy mhen nes i mi bron foddi gan eu brwdfrydedd. Ar ddinas yr ynys, ger cadeirlan Notre Dame, lle llafarganwyd y *Te Deum* gan gantorion o'r Brifysgol, roedd baneri o lygaid y dydd papur, gymaint â thai, yn cystadlu o ran braint â'r addurniadau o anifeiliaid a demoniaid fu'n rhythu ers canrif a mwy o'i bargodion. Fi oedd yr arwydd o heddwch y dyheai'r bobl gymaint amdano, y tlodion sy'n waddod pob rhyfel ac yn ddioddefwyr mud. Dioddef a wnawn innau, er y croeso. Ym mhwll fy nghalon roedd ofn yn llercian fel llew, er imi fedru dal wyneb fel ag a weddai i frenhines, a diolchwn gyda'r lluoedd fod Paris unwaith eto'n rhydd. Siawns na welid byth eto goroni brenin Ffrainc yn unman ond yn ei chadeirlan hi.

O Baris i Poitiers, a'r ffarwelio dirdynnol hwnnw sy'n graith ar fywyd. Oddi yno wynebwn fôr o Seisnigrwydd annealladwy heb ddim ond ynysoedd o Ffrangeg ar dafodau'r rhai mwyaf deallus, ac nid ofn yn unig a gordeddai fy nghalon bellach. Trodd hwnnw'n gymysgedd o ofn, hiraeth ac unigrwydd er fy mod yng nghanol pobl. Daliai ar fy ngwynt gan fy nghadw ar ddi-hun. Aethom oddi yno i Rouen mewn bad ar y Seine â'i llif yn hanes. Unwaith y cyraeddasom, ailadroddwyd croeso Paris ac fe'm cludwyd ar ysgwyddau'r dorf o amgylch y dref ar elor; tref oedd yn ardd o lygaid y dydd, er Seisnigrwydd fy nghyd-deithwyr. Llygad y dydd oedd ystyr Marged o hyd i Ffrancwyr twymgalon. Aeth y brwdfrydedd i'm pen gymaint, nes imi fynnu traethu wrth y Saeson oedd yn barod i wrando.

'Dach chi'n gwbod lle ydi hwn? Rouen,' gwaeddais, 'y lle pwysica yn Ffrainc heblaw am Paris. Ma'r enw wedi'i euro ar lyfr hanes am byth. Yma y bu farw Siân, Siân d'Arc,' ychwanegais yn bendant wedi imi weld rhyw arlliw o annealltwriaeth neu wên slic ar eu hwynebau. 'Yma y carcharwyd hi, yma y dioddefodd ac y galwyd hi'n rheibes,' ond ymateliais cyn dweud, 'gennych chi'. A oeddwn yn lled berthyn iddyn nhw erbyn hyn, a minnau'n wraig i'w brenin? Es ymlaen, 'Mi gafodd 'i chlymu wrth y stanc am hynny, 'i gosod wrtho ar goedd yn yr union farchnadle yma. Mae'n siŵr i amryw o'r dyrfa afieithus yma gofio gweld y tafodau tân yn ei lyfu. Roeddan nhw yma wrth y cannoedd y pryd hwnnw hefyd, ond yn dawel, dawel bach, heb neb yn symud llaw ond i sychu deigryn. Mi dorrodd yr esgob calongaled i lawr, gan ymbalfalu am 'i eiria fel plentyn cynhyrfus, tra oedd hi gydol 'i bregeth o yn sefyll â'i phen i fyny, yn larts o arwrol, â'i llygid yn ddiwyro ar y ffagoda fyddai'n 'i bwyta'n fyw gyda hyn. Wnath hi ddim codi'i bys mewn ofn, dim ond gofyn am groes, a chofleidiodd honno fel carmon. Thynnodd hi mo'i llygid oddi arni wedyn chwaith pan gododd rhywun hi o'i blaen yn y môr o fwg; nid nes i hwnnw lorio pawb arall y cododd hi lais uwch a chliriach nag adlais dros bob man; llais 'i ffydd hi, llais y gwir. "Oddi wrth Dduw yr oedd y lleisiau. Chefais i mo'm twyllo, Iesu, Iesu." Felly'r aeth enaid dewr Morwyn Ffrainc i'r Nef.'

Erbyn imi orffen, sylweddolwn fod rhai o'r Saeson yn meddwl fy mod yn colli arnaf fy hun. Naw wfft iddyn nhw. Roeddwn i'n cyhoeddi'r gwir.

Tra oeddwn yn gorffwys yma eglurwyd imi y disgwylid i briodferch frenhinol gyflwyno i'r tlodion o leiaf un wisg am bob blwyddyn o'i hoed. Dyna bymtheg gwisg. Ni feddwn yr un ond yr hon y safwn ynddi. Dim ond clywed am wisgoedd damasg, siamled a melfed ysgarlad diwnïad i arddangos arweddau aur a wnes i, gan fodloni ar y cerpynnau ail law y medrid weithiau eu haddasu ar fy nghyfer. Boddais yn fy nghywilydd. Cochais at fy nghlustiau yng ngŵydd duges Suffolk, nes fy mod yn edrych yn union fel llygad y dydd a gwawr o binc ar hyd blaen ei betalau. Dymunwn i'r ddaear fy llyncu, ond camodd yr hen wreigan i'r adwy a'm hachub. Yn ei diniweidrwydd disgwyliai i 'Nhad ei digolledu fel y pentyrrai fy nyledion, un ar ôl y llall. Erbyn imi egluro wrthi am simsanrwydd sefyllfa ariannol fy rhieni, roedd wedi gorfod gwystlo rhai o'i llestri arian ei hun ac ysgafnhau ychydig ar gistiau ysbail ei gŵr i gadw fy mhen uwchben y dŵr. Cyn cyrraedd Lloegr roeddwn fel fy nhad, dros fy mhen a'm clustiau mewn dyled. Ta' waeth, ysbail o Ffrainc oedd yn trymhau cistiau'r dug. Synnwn fod gennyf fwy o hawl nag ef arno.

Mordaith helbulus a gawsom a'r gwynt yn hyrddio'r hanner cant o longau fel y mynnai. Heblaw am y caredigrwydd di-ildio a'r arferiad o gymwynasgarwch di-ben-draw a nodweddai'r dduges fe fuaswn mewn llawer gwaeth cyflwr. Hi oedd fy ffon gynnal a'm dinas noddfa. Ymddangosai'n dŵr o gadernid a'i gwybodaeth am ffordd o fyw yr estroniaid a'm hwynebai'n ddihysbydd. Roedd ei mân siarad yn glustog imi; hi yn ei haeddfedrwydd profiadol, a minnau yn fy ieuenctid gwamal yn edrych arni fel chwaer i Methusela ond yn barod i grogi fy ngobeithion ar unrhyw welltyn a estynnai ataf.

Tybed a fyddai'r brenin ar dân am fy ngweld? Tybed a fyddai yno loddest arall eto? A'm stumog fel corddwr, prin y medrwn wynebu un. Ni wyddwn beth i'w ddisgwyl a thawedog oedd yr hen wraig pan geisiais ei phwmpio. Ei hunig dant oedd canmoliaeth. Yn y pen draw, syndod y ddaear oedd y croeso a gefais.

II

Rhwng hel meddyliau fel hyn a salwch môr diurddas, roeddwn yn wantan fel cath erbyn i mi gyrraedd Plymouth. Cariasant fi i'r lan fel gwymon gwlyb a dim ond cael a chael fu hi inni gyrraedd ein llety cyn i latai fy ngoddiweddyd. Hyd yn hyn, doedd yr un enaid wedi ysgwyd llaw â mi, a chofiais pa mor aml y sonnid gartref am Saeson a'u calonnau o gerrig.

Rhyw ddyn diolwg, swil, ac ofn ei gysgod arno'n fwy nag unrhyw was ystafell a ddaeth ataf. Prin y buaswn wedi sylwi arno ddwywaith mewn cwmni. Fel y moesymgrymai i'r llwch o'm blaen, cipiais y llythyr o'i law fel petawn yn cipio tudalen o dân. Oedodd am eiliad cyn imi droi fy nhrwyn arno. Gwas yw gwas, ac mae disgwyl iddo ildio'i le yng ngŵydd ei well. Heb godi, ond ar fy lled-orwedd bras ddarllenais y llythyr.

'Oes yna ateb, eich Mawrhydi?'

Cafodd ateb swta, 'Mi atebaf i'r brenin yn f'amser fy hun.' Wedyn swatiais yn ôl i glydwch fy ngharthenni gan anwybyddu'r llipryn gwas-dwylo-budr. Aeth o'r ystafell â'i gynffon rhwng ei goesau — y spruddach.

Fel brân ddu daeth un o'r lleianod at ymyl fy nyth gan grawcian, 'Le Roi, madame, Le Roi.' Le Roi, y brenin myn diaist i, a chodais o'm gwâl cyn iddi gau ei cheg. Rhuthrais tua'r drws ond nid oedd cysgod ohono i'w weld.

Sorrais yn bwt. Dyma imi sarhad. Dyma ffordd i ŵr priod wynebu ei wraig am y tro cyntaf, a ffordd waeth byth i frenin gyfarfod â'i frenhines, a hithau'n lledan ddiymadferth mewn nyth o garthenni â'i gwedd cyn welwed ag un y lleian a weinyddai arni. Dyn yn ei oed a'i synnwyr yn cymryd arno agwedd gwas.

Do, clywswn am grefydd Harri, ond go brin y byddai hi'n rheoli ein bywydau. Ychydig a wyddwn. Aeth y cyfarfyddiad y bûm yn ei ddisgwyl mewn gobaith, ofn a chwilfrydedd yn eu tro yn wermod ynof. Teimlwn fy ngwres yn codi. Doedd dim gobaith gen i greu unrhyw fath o argraff urddasol, frenhinol mwyach. Fi, oedd o waed coch cyfan ac yn aelod o linach brenhinol Ffrainc; fi, y bu mawrion fy ngwlad yn baglu drostyn nhw'u hunain i gowtowio iddi ychydig yn ôl. Roeddwn wedi derbyn gwrogaeth marchogion a medrwn sgwario f'ysgwyddau wrth feddwl am yr orymdaith ysblennydd. A dyma'r dyn ei hun yn rhoi pin yn swigen fy ngobeithion ac yn fy nhaflu ar domen cardod.

Euthum yn gacwn gwyllt, yn orffwyll gynddeiriog, a dechreuais luchio pob peth i bob cyfeiriad nes bod yr ystafell yn rhacs ulw. Colbiais fy ngweinyddes yn gleisiau a gyrrais ar bob aelod o'm gosgordd mor ddidrugaredd â phe bawn yn robin y gyrrwr, y ffyliaid digydwybod oedd wedi sarhau'r dwyfol hawl brenhinol. Pitw o beth oedd derbyn anrheg hardd gan iarll Amwythig. Lluchiais ei gyfrol addurniedig o'r neilltu fel gweddillion pryd er ei bod yn gasgliad o ramantau Ffrengig. Dywedwyd ei bod i roi cysur i mi, 'Wedi iti ddysgu Saesneg ac fel nad anghofi dy famiaith.' Y pwdryn. Doedd dim perygl. Ffrances i'r carn oeddwn i, ac ni châi neb yn Lloegr byth anghofio hynny.

Beth feddyliai'r brenin, tybed?

Ddyddiau'n ddiweddarach, yn Ditchfield, de Lloegr, ac awel Ebrill yn chwarae'n fwyn o'n deutu, y cafwyd y seremoni briodas gyflawn. Doedd hi ddim hanner mor fawreddog â'r briodas yn Ffrainc a doedd yno ddim ond dyrnaid o bobl o osgorddion Harri a mi. Dygodd imi dawelwch meddwl, a bu'n falm i'm henaid ar ôl yr wythnosau cynhyrfus a'r cyfarfyddiad cyntaf cythryblus ac annisgwyl hwnnw. Siriolais drwof a theimlwn y llesgedd oedd wedi fy ngoddiweddyd yn fy ngadael fel pluen mewn gwynt. Wrth i Harri afael yn fy llaw am y tro cyntaf teimlais hyd yn oed hoffter tuag ato, a medrais adrodd f'addewidion yn groyw a phendant, gan dalu sylw i'r esgob a ddarllenai, 'Gwyn ei fyd pob un sydd yn ofni yr Arglwydd, yr hwn sydd yn rhodio yn ei ffyrdd ef.'

Ychydig ddyddiau yn unig a ganiatawyd inni fwrw ein swildod mewn abaty tawel cyn ailgychwyn ar ein taith wanwynol trwy berllannau Caint, gardd Lloegr, â chawodydd petalau'r afallenni yn garped, yn drobwll ac yn gorwynt pluog o eira gwyryfol glân o'n blaenau. O air i air deuthum i adnabod fy mhriod. Marchogai'n fynych wrth f'ochr, gan barablu wrthyf mewn Ffrangeg croyw. Dangosai nad oedd am f'esgeuluso er nad fi oedd yr un y byddai wedi ei dewis, debygwn.

Bron nad ymgreiniai o'm blaen a minnau o hyd ag osgo o sefyll ar f'urddas. Doeddwn i ddim am gael fy seboni'n rhy sydyn, er y gwelwn ei fod yn berson dwys na fedrai gellwair. Roedd yn rhaid imi fagu hen ben dros nos. Doedd bod yn wyrdd fel deilen yn ennill dim ond gwawd.

'Wyt ti am fadda i mi?' gofynnodd. 'Rwy'n eiriol am faddeuant beunydd. Doeddwn i ddim isio sathru ar dy gyrn di a thitha mor sâl. O'n i ddim yn gwbod be i' neud. O'n ni isio i ti deimlo'n agos ata i o'r dechra. Bod yn enaid cytûn â fi. Dyna pam y dois i atat ti fel gwas bach yn Plymouth.'

Sobrwydd sant, am ffordd od o dorri swigan swildod, hyd yn oed i ddyn mor fewnblyg â chrwban.

'Ddychrynais i ddim ohonot allan o dy groen a finna fel boncyff crin?' gofynnais, heb ddweud wrtho iddo fy ngyrru'n gandryll hefo'i dwyll. Eisoes gwelswn bod y colli limpin hwnnw wedi fy nhaflu oddi ar ryw bedestal yng ngolwg y dduges. Byth er hynny mynnai fy nghadw o hyd braich. Doedd hi ddim fel petai'n deall faint a ddeisyfwn ymddangos fel merch breuddwydion y dyn fyddai'n ŵr i mi. Trwy gydol y twrnamaint a'r daith i Loegr bûm yn dychmygu am ein cyfarfyddiad cyntaf a minnau'n edrych fel y Forwyn Fair. Nid yn wlanen ar wely, bid siŵr.

'Naddo, naddo,' atebodd yn or-ofalus. 'On i'n meddwl dy fod ti'n od o debyg i . . .'

'I be?' meddwn.

'I hwn,' sibrydodd, gan dynnu llun ohonof o'i sgrepan.

'Lle cest ti hwnna?' gofynnais a'i gipio fel pioden o'i ddwylo. 'Fy nhad a'i peintiodd; dyna'i drysor. Dwyt ti ddim yn 'i nabod o. Fuost ti rioed yn Anjou.'

Bron na chyhuddwn ef o ddiffyg parch am beidio â dod yno'n unswydd i'm priodi. Hoffaswn fod wedi cael carmon i'm canlyn, a chanu dan fy ffenest, ond dal fy nhafod wnes i.

Yn garbwl a bloesg y cefais eglurhad. 'Llynedd, os cofi, mi fu i un Guy de Champchivier ymweld â chi yn Anjou. Llysgennad imi oedd o, wedi'i erchi i roi cyfrif amdanat imi, am dy natur a'th ymarweddiad a phopeth sy'n taro dyn am ferch. I gyflawni'i genhadaeth i'r eitha dygodd ataf y darlun yma. Sbïais arno ddwsina o weithia ac oni weli di iddo mhlesio?'

Medrech fod wedi fy nharo â phluen. Cofiwn am y marchog crwydrol hwnnw a ddaeth atom, ar siawns, debygwn i. Gwn imi glebran fel melin bupur wrtho gan feddwl nad oedd yn ddim amgen na charreg dreigl. Wedi iddo gyrraedd Anjou, ni chymerodd lawer i berswadio 'Nhad i arddangos iddo ei oriel luniau, a dyna ladrad noeth, a 'Nhad mor ddi-feddwl-ddrwg ag oen swci. Teimlwn fel pe bai'r geri poeth yn fy ngherdded wrth i mi edrych arno.

Caniatawyd inni dorri ein taith eto ym mhlas Eltham a chael ein gwynt atom cyn wynebu ar seremonïaeth rwysgfawr y brifddinas. Unwaith y cyrhaeddid Greenwich a Southwark fe fyddai'n amhosib osgoi'r tyrfaoedd a all fod yn fwrn ar frenhiniaeth wrth wasgu ar ei gwynt yn eu brwdfrydedd. Ond pleserus odiaeth oedd y pasiantau a ddadlennwyd inni o'r fan honno ymlaen. Gwelwn Harri yn ymsythu fel paun wrth iddo deimlo ei fod o'r diwedd wedi gwneud rhywbeth gwerth chweil dros ei wlad. Ymhyfrydai'n gyhoeddus yn fy nghwmni a lloriai fi â'i dynerwch. Doedd gen i ddim calon i edliw iddo ei ymddygiad ar ein cyfarfyddiad cyntaf. Gan ei fod mor eiddgar â siopwr o'r Sieb i rannu ei holl gyfrinachau â mi, fe fyddai'n greulon sathru ar ei frwdfrydedd calonagored. Ffaith iddo ef oedd golygfa mewn pasiant a ddangoswyd ger pont Southwark. Ynddo roedd Heddwch a Digonedd a Chyfiawnder a Heddwch yn closio at ei gilydd, ac yn morio mewn cusan symbolaidd, gyda'r Santes Margaret yn llywyddu arnynt. Roedd hi wedi ei hamgylchu â phlant wedi eu gwisgo mewn llygaid y dydd papur. Dawnsient fel dail, nes bod eu rhidens gwyn fel ewyn ton.

Papur oedd sail breuddwyd Harri hefyd. Ni welai ymhellach na blaen ei drwyn; dim ond i mi fod wrth ei ochr yn derbyn gwrogaeth y dorf, roedd ar ben ei ddigon. Diolch i'r hen dduges Suffolk, roeddwn innau erbyn hyn yn edrych fel pin mewn papur, â'm gwallt melyngoch yn sgleinio bron gymaint â'r gemau oedd yn y cylchyn aur gemog am fy mhen. Ni fyddai unrhyw anrhydedd yn ormod iddi hi a'i gŵr ar ôl hyn.

Ond roedd cwmwl tywyll ar fy ngorwel, a pherson Harri Beauchamp oedd hwnnw. Wrth benelin y brenin y mynnai hwnnw fod o fore gwyn tan nos. Roedd fel ei gysgod ar ddiwrnod yng nghanol haf a derbynnid hynny gan y llys fel trefn anochel. Gwyddwn cyn gadael Ffrainc i Harri gael ei fagu gan ei deulu ef, ond doedd dim angen iddo, yn anterth ei ddyddiau, estyn y gyfundrefn y magwyd ef dani. Parhâi yn ôl rheidrwydd ei ieuenctid i adael i arall lywodraethu drosto; ni feddai ar rithyn o feddylfryd brenhinol, a chredwn bod ei fagwraeth gaeth wedi mygu ei ddyheadau brenhinol etifeddol. Roedd wedi cael ei eni yn Windsor — lle anffodus, yn ôl y proffwydi, lle a ddygai aflwydd ar unrhyw etifedd a welai olau dydd yno. Cawsai ei amddifadu oddi wrth ei dad a laddwyd yn Ffrainc ac yntau yn ei gadachau ac oherwydd hyn esgynnodd i'r orsedd ac yntau'n blentyn. Yna fe'i gwahanwyd yn ddiangen oddi wrth ei fam pan nad oedd ond pum mlwydd oed, a throdd am sicrwydd a chynhaliaeth at grefydd, a bu i honno ei ddallu i bopeth arall. Camgymeriad oedd iddyn nhw feithrin Harri mewn ymwybyddiaeth o gariad Duw, ei ddysgu i'w addoli a'i ofni gan ei ddwyn at rinwedd mewn unrhyw fodd a fedrent; felly, yn nhyb rhywrai, yr amlygid iddo haelioni gras Duw tuag at frenin cydwybodol, a ffawd anochel brenin anghymwys. Amcanwyd hefyd at feithrin ynddo ddiddordeb mewn llenyddiaeth yn ogystal ag amgyffrediad o weinyddiaeth wladwriaethol ddoeth. Er i Harri ddatblygu'n gryn sgolor mewn Ffrangeg a Lladin, ni fagwyd ynddo unrhyw fath o grebwyll gwleidyddol. Os mai ef a dyfodd i fod y mwyaf rhinweddol o frenhinoedd nid oedd ond megis baban mewn crud o lywodraethwr.

Ddiwedd Mai esgorwyd ar fwy o basiantri a llifai'r gwinoedd o seleri Llundain fel afon Tafwys ei hun, tra dawnsiai'r torfeydd heb hidio ffeuen fod coffrau'r canghellor brenhinol mor wag ag ysgubor ar ddiwedd gwanwyn. Tyrrodd pobl wrth y cannoedd i abaty Westminster, lle claddwyd fy mam-yng-nghyfraith, Ffrances arall o waed, i dystio i'm coroni, ac ni fedrwn ond ymfalchïo hyd oferedd yn y fath sylw. Cefais eistedd yng nghadair dderw, dywyll, Edward y Cyntaf a sbriwsio yn fy ngwisg ruddgoch gyda'i hymyl o ermin gwyn. O'm blaen ymddolennai'n araf ddarlun cyfoethog, ysblennydd; ymestynnai dros holl hyd corff hir yr eglwys fel y symudai'r macwyaid, yr arglwyddi a'r ieirll yn eu hamryw wisgoedd gan gludo'u harfbeir a lliwgar. Dangosent i mi hirhoedledd y frenhiniaeth a'r rhamantiaeth oedd mor llawn o hud a lledrith â marchogion y brenin Arthur o amgylch y Ford Gron. Anadlwn sifalri.

Ond hyd yn oed y diwrnod arbennig hwnnw, gwrogaeth

lugoer a dderbyniais gan fwy nag un o'r arglwyddi bostfawr. Teimlwn fod gefel yn cau fel dwrn dur am fy nghalon, a synhwyrais fod llawer o ddrwg yn y caws ac nad Harri Beauchamp, a oedd eisoes wedi derbyn llach fy nhafod, oedd yr unig ddraenen gudd dan y cannoedd o rosod a welid yno. Roedd yno adar eraill o'r unlliw. Eto, dyma pryd y cyfarfûm â rhai a oedd i dyfu yn gyfeillion mynwesol ac yn dyrau o gadernid imi. Yn sgil eu tad, Owain Tudur o Benmynydd gynt, yn awr o Ddinbych, daeth Edmund a Siasbar o Benfro. Pan gyfannodd Harri rwyg ei blentyndod gyda'i fam dyrchafodd ei phriod o fonheddwr hawddgar i safle o awdurdod yng ngogledd Cymru gan sarnu ar yr anfri a luchid ato oherwydd ei briodas fentrus â'r fam frenhines. Cartrefai ei fab ieuengaf yng nghlwysty Westminster, a waddolwyd o'r herwydd gan Harri er cof am ei fam; a gweld ei harfbais hi wedi ei hymgorffori yn rhai ei feibion a barodd i'm calon guro fel gordd. Roedd y llygaid y dydd yma yn f'atgoffa o'm teulu fy hun. Gan Edmund, yr hynaf, roeddynt wedi eu gwau am dair helmed, tri aderyn a tharw; tra oedd rhai Siasbar, yr ieuengaf, yn chwarterog ar ymyl baner, ac arni arfau Lloegr a Ffrainc yn ogystal â gwenoliaid môr, o bopeth, fel petai am gyhoeddi ar led nad oedd ganddo lathen o dir. Pan welais hwy'n cyhwfan o'm blaen bu bron imi weiddi Amen i groglofft yr abaty. Trueni na chawswn gwrdd â mam y bechgyn, fy modryb Catrin.

Arddel ei genedl ei hun a wnâi f'ewythr Owain a'm mam yng nghyfraith bellach a chyhwfan eryrod rhyw Owain Gwynedd, a llew gwyn rhyw Gruffydd ap Cynan o'r gogledd, ynghyd â helmedau crwn, ffasiynol a tharw a cheiliog y gwledydd oll.

Fel y rhelyw o'r hil roedden nhw'n gyforiog o gynhesrwydd, yn well na'r Saeson oer; roedden nhw'n barotach hefyd i siarad am bawb a phopeth. Byddwn yn mynnu lle amlwg iddyn nhw o hyn allan. Canfûm eu cynghorion yn gall a pherthnasol, a thraferthodd Siaspar ddoeth a gofalus egluro i mi mai ansicr oedd yr heddwch o hyd, a bod ei holl amodau ymhell o fod wedi eu cyflawni. Ennill cadoediad yn unig a wnaeth Harri yn sgil ennill gwraig. Rhaid oedd saernïo heddwch â mortar cyfiawnder, ond roedd pen Harri yn y cymylau a'i galon yn yr Eglwys.

III

Gwyddwn cyn hyn y byddwn yn wynebu llys nad oedd wedi cael ei anrhydeddu gan frenhines ers mwy nag ugain mlynedd, ond ni ddychmygais ddyfnder ei farweidd-dra. Roedd fel cerdded i mewn i geubren; henaint yn hugan drosto, a'r llwch mor drwchus â phe bai'n geubal chwarel, ei gistiau'n ddi-raen er eu cerfiadau coeth, eu llieiniau'n rhwyllog fel gwe fregus a chyn lleied o liw o'u cwmpas ag mewn mynachlog ddiwaddol. Yn nosol yn llys Ffrainc cynhelid dawns, ond yma doedd dim ond syberwyd a thawelwch annaturiol. Rhythai olion tlodi arnaf, ond gan fy mod mor gyfarwydd ag ef ag â'm croen fy hun, medrwn ei anwybyddu. Gellid ei weld yng ngwisg y brenin hyd yn oed.

Cesglais o'm cwmpas nifer o Ffrancesau ysgafnfryd a fedrai lonni fy nghalon â'u chwerthin; chwerthin fyddai'n atseinio rhwng y distiau gyda hyn. Unwaith y clywodd Harri Beauchamp am ein llawenydd diddrwg roedd ar ben arnom. Aeth ati i edliw imi nad oedd costau fy nghoroni wedi eu clirio a bod fy ngwaddol o hyd yn ddiffygiol. Roeddwn am waed y sbrigyn annioddefol, gan y gyrrai crintachrwydd o'r fath fy nhymer yn dymestl, ond penderfynais ffrwyno'r dymestl honno er mwyn disodli'r ymwthiwr digywilydd o gyfeillgarwch fy ngŵr. Yn fuan canfûm gynorthwywr parod i hyn ym mherson dug

Somerset. Ef oedd yr unig un o'm cwmpas a dorrai dipyn o gyt a syrthiodd fy llygaid yn syth ar ei wedd drwsiadus. Cyn pen dim tyfodd cyfeillgarwch tyngedfennol rhyngom. Fedrai yntau ddim dioddef Harri Beauchamp.

Y frenhiniaeth oedd asgwrn y gynnen. Hanai Harri Beauchamp o'r teulu y cipiodd taid fy Harri i y goron oddi arno a chyd-fynd â'i ladd. Gan mai i'r Rhisiart yma yr estynnwyd y ddwyfol ordeiniad o hil Cadwaladr a Brutus, rhygnai'r teulu byth a hefyd mai dug Iorc, yn ôl angel, oedd â hawl i goron Prydain. Yn eu golwg hwy gorseddlygrwr oedd Harri, cog mewn nyth. Gan fod Iorc yn graig o arian, medrai daenu ei ensyniadau ar led, ac yn ei benboethni gyhoeddi ei chwedl o fôr i fôr. Hwy hefyd oedd byth a hefyd yn ennyn fflamau'r rhyfel â Ffrainc. Haerai dug Somerset mai breuddwyd y marsial Iorc oedd clodydd Agincourt. Doedd o ddim yn brin o adleisio hynny o bant i bentan gan roi ambell bwniad i Harri wrth ei gymharu â'i dad.

Mi rown i daw ar ei wag siarad a thorri crib y cyw ymhonnwr, gan gymryd yr awenau i'm dwylo fy hun. Dyna a wnâi pob brenhines Ffrengig werth ei halen, felly pam nad fi? Dim ond torri ei enw ar bapur a wnâi Harri, a medrai wneud hynny gystal dan fy nghyfarwyddyd i â than un Harri Beauchamp.

Llwyddwyd yn y man i alltudio Harri Beauchamp i'w stad yn y gogledd yn weddol ddidramgwydd, ond doedd hynny ddim yn hanner digon pell. Roedd ganddo afael oedd bron yn hudolus ar Harri. Bu raid i ddamwain angheuol ddigwydd pan oedd yn hela. Trywanwyd ef gan saeth grwydr saethwr anweledig. Digon hawdd oedd torri tafod y saethwr, fel na chysylltid y dug a mi â'r 'anffawd'.

Er na chlywodd neb na siw na miw am y cynllwyn angenrheidiol yma, yn ôl duges Suffolk fe godai rhyw fân siarad maleisus, fel plorod, amdanaf yn y llys. 'Yr hen Ffrances' oedd y llysenw. Magl imi hefyd fu ymweliad llysgennad Ffrainc â'r wlad. Roedd f'ewythr yn gwrthod yn bendant arwyddo'r amodau heddwch nes y trosglwyddid tiriogaeth Maine i'w ddwylo, a dileu holl hawl y Saeson i goron Ffrainc. Hwn oedd y maen prawf; arno dibynnai ei holl rym ef. Droeon bu Harri a mi'n ei drin a'i drafod, am na fedrwn adael i'm gwlad fynd rhwng y cŵn a'r brain. Cas gŵr na charo'r wlad a'i maco. Heb falu awyr ymresymwn un diwrnod, 'Os wyt ti am heddwch sicr, trosglwydda Maine; rwy'n adnabod f'ewythr y brenin yn ddigon da i wybod nad yw'n ddigon chwit-chwat i ailfeddwl. Fe saif ar ei urddas.'

'Mi wn i hynny'n burion,' oedd ateb Harri. 'O'm rhan i fe gâi Maine fynd i'w chrogi; unrhyw beth er mwyn heddwch a llonydd. Ond beth am y lleill, y bobl sy'n gwybod, ac yn anad popeth, y senedd? Mi ga i 'Nhad wedi'i luchio ar draws fy nannedd eto.'

'Tynnu'u traed atyn nhw y maen nhw yn Ffrainc y blynyddoedd dwetha 'ma. Ma' pawb o Loegr yn sleifio oddi yno fel cŵn â'u cynffonnau rhwng eu gaflau ac yn methu codi eu pennau,' meddwn gan ddiawlio'r senedd dan fy ngwynt.

'Ia, wir yr,' atebodd, 'Ma'r Siân d'Arc yna wedi witsio'r Saeson, ond peth dros dro ydi hynny. Mi ddôn at 'u coed toc. Mynd a dŵad fel yr haul wna cwrs rhyfel bob amser. Mi ddaw rhywbeth ar ôl hyn, wst ti.'

'Ond ma'r bobol yn grwgnach o'i hochor hi am dalu

trethi ac am y ddrudaniaeth yn gyffredinol,' meddwn gan blycio tant arall.

'Dyna'r drefn yma wyddost, wraig. Ia'n enw'r dyn.'

'Ond Harri,' meddwn, gan ddechrau codi fy nghloch, 'ma' dy Saeson di wedi'u llorio'n rhacs y tro yma.'

'Dyw'r Saeson byth yn ildio tan y frwydr ola, cofia,' meddai, gan ailadrodd dywediad parod.

Crefais, gan y gwyddwn y byddai ar ben arnaf os na cheid heddwch, 'Paid â chael brwydr arall, Harri; maen nhw mor ddi-fudd â hen esgidiau; dydyn nhw ddim yn gwneud lles i neb.'

'Mi wn i nad ydi rhyfel yn gwneud affliw o les i neb; mae'n lladd dynion ac yn gwastraffu adnodda gwlad. Mi a' i i weddïo drostyn nhw.'

A dyna ni yn ôl at yr hen dôn gron arferol.

P'run ai meddwl am y lladd ynteu'r gweddïo a'i dygodd i'r trobwynt, ni wn, ond gollwng Maine a wnaeth, ac ni fedrwn lai na churo fy nghefn fy hun. Fe yrrwyd dug Suffolk a dug Somerset yn ddi-oed i Ffrainc i selio'r heddwch hirddisgwyliedig a drud hwn. Creodd nyth cacwn yn y senedd fondigrybwyll. Pa ots? Onid y brenin a'r frenhines gyfiawn a ddylai lywodraethu?

Cyn pen dim roeddwn i weld tiroedd eraill Ffrainc yn ymryddhau o un i un. Rouen, Caen, Bordeaux oedd yr enwau a ddaeth i ganu yn fy nghlustiau yn ystod y ddwy flynedd ddilynol. Pan syrthiodd gwrthsafiad iarll Talbot yn Castillon roeddwn am ddawnsio'r *gavotte*. Bu Lloegr a'i thraed ar war Ffrainc ers tri chan mlynedd ond dyma ryddid a finnau'n rhan ddistaw bach ohono. Ond roedd wynebau'r llys o'm cwmpas cyn hired ag un Harri.

Na, roedd un ysgafnach. Dychwelodd dug Somerset

atom; un o etifeddion Harri, gwaetha'r modd, o hyd, er cymaint y deisyfwn blentyn. Dug Iorc oedd yr etifedd arall ac aeth ef cyn belled â chodi byddin i wastrodi Llundain. Gallu dug Somerset a minnau'n bennaf a roes feistr ar feistr Mostyn a'i roi dan glo am ychydig.

Ar yr un pryd roedd fy mherthynas â Somerset yn aeddfedu er imi fod yn hynod o ochelgar a'i guddio fel gem. Gwefreiddiai ei gwmni fi, nid yn unig oherwydd fy mod yn teimlo bod fy nghyfrinach yn ddiogelach felly, ond am mai ef oedd yr unig ddyn yn y llys oedd yn wahanol i'r gweddill di-blwc a di-liw. Roedd toriad ei ddillad yn gwneud iddo ymddangos fel seren gyntaf y nos ymysg y rhelyw tlodaidd.

Rhwng Harri a'i gywely bob nos gorweddai ei grefydd gymaint ag y gorweddai rhyngddo a'i lywodraeth. Dyn oedd Harri a gochai fel rhuddygl dim ond iddo gael cipolwg ar wisg merch oedd o doriad isel i'w gwddf ond parai dug Somerset i galon unrhyw ferch ddychlamu. Deisyfwn ef hyd at fodiau fy nhraed a gwyddwn y byddai Harri yn sarnu ar sawl gwrthwynebiad pe cenhedlem fab wedi'n saith mlynedd diffrwyth. Blodeuodd y berthynas fel planhigyn tyner, dirgel a lled hawdd oedd ei dywys i'm gwely'n rheolaidd. Cyfiawnhawn fy niddordeb ynddo trwy ei gymharu â'm gŵr; Harri a'i wallt brown, llipa, seimlyd, ei wyneb melynnaidd, hirgul, a'i geg lac heb arwydd o wefr yn ei chorneli. Hyd yn oed pan wisgid ef yn ei ddillad drutaf o felfed piwsgoch brenhinol nid oedd fawr gwell. Aeth y wisg honno, er ei harbenigrwydd, mewn byr dro yn staeniau a strempiau bwyd a gwin. Dirywiai ei hymddangosiad o wythnos i wythnos, a thybiwn fy mod yn gwneud cymaint o gymwynas ag ef a'i deyrnas ag a wnawn â mi fy hun wrth ddewis cydorwedd â'r dug. Sail priodas yw eiddo a phlant; cyfrinach post a phared y gwely yw rhamant.

Yn dawel bach, teimlwn bod y llw a dyngwyd rhyngom yn gymaint o gwlwm ar berthynas â'r briodas rwysgfawr yn Ffrainc. Doedd honno ddim wedi asio dwy galon yn un. Ond roedd dug Somerset yn wahanol.

Bu cynnal y briodas serch rhyngom trwy gydol yr haf yn ddigon hawdd. Gwahoddai'r bedw a'r ynn ni i'w cysgod, a thyfasant inni'n ddeildy croesawgar, yn gartref oddi cartref. Yn eu clydwch gwrandawem ar serenâd yr adar, llateion serch, neu gwyliem y sêr fel cerrig eurog yn gloywi rhwng y dail fin nos. Unwaith y troes y rhod at gwymp y dail âi ein seiadau yno'n brinnach, ac roedd cadw oed yn dasg. Medrem fod wedi ei gadw yng nghyntedd yr eglwys tra oedd Harri yn llesmair ei grefydd; yn wir, aem yn aml i'w chlochdy wedi iddi nosi ac i gonglau pell y llys. Ni lwyddodd llach oerwynt nac ambell gawnen o eira i oeri gwres ein serch — y pelydr o olau mewn byd dreng.

IV

Beichiogais, do, ond cyn f'esgoriad roedd Harri'n arddangos mwy byth o waed Valois. Ofnwn ddweud am fy nghyflwr wrth neb yn y llys a chedwais fy nghyfrinach mor glòs â'm croen nes fy mod hanner fy ffordd i'm tymp, salwch boreol a chwbl. Weithiau, dychmygwn fod rhai o'r gwragedd yn fy llygadu, yn enwedig yr atgas Nan Warwig.

Achosodd hi a'i gŵr beth anghydfod rhyngof fi a Harri. Er marw Harri Beauchamp dechreuodd Harri ddibynnu mwy a mwy ar ei frawd-yng-nghyfraith, iarll Warwig, er nad oeddwn i ond hyd braich oddi wrtho. Yr un pryd ceisiai feithrin cyfeillgarwch rhyngof fi a'i briod Nan, merch na fedrwn glosio ati pe telid imi. Roedd fel y mwyafrif o ferched Lloegr, mor bŵl â dŵr llonydd ac mor ddi-ddweud â morwyn cegin. Gan ei bod yn chwaer i Harri Beauchamp, roedd yn well gen i ei lle na'i chysgod. Dygodd ei phriodas ag iarll Warwig hi i amlygrwydd nas haeddai. Ef oedd cynhaliwr breichiau dug Iorc a theimlwn fod Harri yn chwarae â thân wrth roi modfedd i'r teulu yma. Fe fuon nhw fel maen melin am wddf ei dad ond syniad ynfyd Harri oedd ceisio cymodi'r Lancastriaid a'r Iorciaid, 'Fel na ddysgont ryfel mwy'.

Un noson, a ninnau'n gwledda yn Clarendon, digwyddodd i ffawd chwarae i'm dwylo. Aethai amryw o'n gwahoddedigion eisoes i ddawnsio, ond eisteddwn i wrth y bwrdd, gyda Harri'n lledorwedd ar draws f'arffed. Ceisiwn roi argraff bod fy myd wrth ei ochr yn wyn; yn wir ar brydiau mwynhawn ei gwmni ysgolheigaidd, ac roedd perthynas bersonol ddigon esmwyth wedi tyfu rhyngom. Nid oedd meistres ganddo imi genfigennu wrthi, a chawn bron gymaint o sylw ganddo ag a roddai i'w fyfyrdodau crefyddol, a threuliai lawer mwy o amser yn fy nghwmni i nag a wnâi yn llywodraethu'r wlad. Y senedd â'i hymyrraeth ddi-ben-draw oedd y baich a'n llethai. I Ffrances fel fi roedd ei hymyrraeth yn gamwedd ac yn drawst mewn llygad.

Yno, wrth fwrdd y wledd, bwydwn Harri â briwsionach blasus oddi ar fy mhlât fy hun. Codai hyn y felan a'i llethai pan oedd yng nghanol pobl. Cadwn hefyd un llygad barcud ar y dawnswyr, yn enwedig ar Nan a Rhisiart Warwig. Dyma'r tro cyntaf imi gael golwg dda ar yr ymwthiwr. Palff o ddyn hagr ei olwg ydoedd, heb rith o aristocratiaeth yn ei wedd haerllug. O'i gymharu â Harri roedd yn gydnerth iawn, a meddai ar lygaid gleision fel awyr haf. Crych oedd ei wallt golau a thrwsgl oedd ei symudiadau wrth ddawnsio. Gwisgai'n ddrud odiaeth ac arddangosai rosyn gwyn Iorcaidd mewn lle amlwg ar ei ysgwydd. Nid oedd yn ddyn i'w groesi.

Yn sydyn, llithrodd Harri yn sypyn diymadferth wrth fy nhraed. Sgrechiais nerth esgyrn fy mhen, 'Fy ngŵr, fy ngŵr, fel hyn cyn gweld ei blentyn. O Dduw, beth wna i?'

Dyna'r gath o'r cwd yn hollol anfwriadol. Gyferbyn, â'i bwys ar golofn, safai dug Somerset, yn gwrido fel merch. Pan glywodd, diflannodd yn y berw gwyllt a drochodd dros y neuadd. Peidiodd y gerddoriaeth a'r dawnsio fel tisiad wedi ei hanner fygu a dechreuodd rhai redeg yn ddiamcan yma a thraw fel ieir. Roedden nhw'n llawer mwy syfrdan na fi. Oni welswn eraill o'r teulu a oedd lawn mor ddiymadferth â Harri? Fel hyn y cerddai'r blaidd llechwraidd a oedd yn rhemp ymhlith brenhiniaeth Ewrop. Rhythai arnaf yma mor wancus ag y gwnaethai yn Ffrainc. Gwyddwn ganlyniadau ei gerdded cyn sicred â'm bod yn anadlu. Gwasgodd fi yn fy nghwman fel petai'r crebach arnaf. Ymddangosai fel petai'n berfeddion nos cyn i neb awdurdodi trefn ond gwn mai dug Iorc a wnaeth hynny yn y diwedd. Yr awr honno cerddodd i'r arweinyddiaeth â chamau breision heb i neb sylweddoli hynny. Ymneilltuais innau gyda Harri toc gan achub hynny o urddas ag a fedrwn o'r sefyllfa chwithig. Holais ei feddygon ynghylch effeithiau ei salwch ar blentyn mewn croth. Wrth imi wneud, teimlwn fy mhlentyn yn dychlamu ynof. Pan gyrhaeddais glydwch preifat f'ystafell anwesais fy nghroth, gan ddiolch i Dduw nad plentyn Harri a gariwn.

Enynnai Harri dosturi'r caletaf ei galon. Ni fedrai archfeddygon y wlad sôn am ddim ond am ei waedu. Pa fudd oedd hynny â'i etifeddiaeth ddieflig yn ei erlid? Roedd ei daid ar ochr ei fam yn wallgo, a'r taid ar ochr ei dad yn wahanglwyfus. Ni chenhedlwyd ef mewn cariad ac ni chafodd ei feithrin mewn tynerwch; eto delfrydai ei fam, ac ni fedrodd erioed anghofio'r tad nas gwelodd. Dileu ei gamweddau plentynnaidd fu unig nod y Beauchampiaid, a bu raid iddo ymdrechu trwy gydol ei ieuenctid, fel pryf yn erbyn ffenestr, i fygu'r dicter a deimlai pan gâi ei guro â'r wialen fedw. Parodd y cosbi hyn iddo ofni ei gysgod a suddo fwyfwy iddo'i hun, ei dawelwch anghymdeithasol, a'i grefydda truenus. Dyma oedd hafan ei emosiynau.

Yn yr wythnosau dilynol synhwyrwn fod clecs fel brech yr ieir o'm cwmpas ond meddyliwn y torrai pob crawn ac y sychid pob crachen yn graith lân unwaith y genid yr aer. Fe'i dilornais, gan dreulio rhan helaeth o'm dyddiau yn gwarchod Harri yn ei dwymyn ac anwylo fy ngobeithion a'm dyfodol, tan i mi gyrraedd fy nhymp.

Ar y trydydd ar ddeg o Hydref mil pedwar pump tri y ganed fy mab ac fe'i henwais yn Edward. Ar y pryd cyrhaeddais begwn o lawenydd wrth i glychau'r wlad glindarddach eu croeso iddo. Roeddwn yn fam radlon os nad yn frenhines fodlon.

Roedd Harri'n anymwybodol o hyd, a rheidrwydd a ddygodd dug Iorc i ymweld â mi. Er Mawrth roedd wedi cael ei benodi'n warchodwr gan f'anwybyddu i. Fe gawn i fy esgusodi oherwydd fy meichiogrwydd, meddid. Wrth ei weld yn brasgamu i'm hystafell, teimlwn ddicter o rew yn cripian drosof. Ei ddyletswydd a'i dygodd yno i'm llongyfarch. Llongyfarchiadau gwag yn blisgyn heb gneuen a fynegodd, gan y sylweddolai gystal â mi fod dyfodiad y plentyn yma'n pellhau'r orsedd oddi wrtho. Gwelwn wrth ei osgo ei fod yn ymhyfrydu yn ei awdurdod i'r eitha. Roedd y grym brenhinol yn ei law a thybiwn ei fod o hyd yn coleddu'r gobaith yr enillai rywbryd, rywsut y llawryf a'r goron er gwaethaf bodolaeth Edward. Â'r plentyn ar f'arffed addunedais yn dawel, cyn iddo fy ngadael, mai dros fy nghorff marw yr enillai hwy.

Er pan benodwyd ef i'w uchel swydd bûm fel cath ar daranau. Unwaith i mi golli cochl Harri, er fy mod o hyd yn frenhines, doedd gen i'r un gronyn o awdurdod. At hynny, er y penodiad, roedd y ddau deulu yng ngyddfau ei gilydd fel cathod a chŵn ac o'r herwydd, carcharwyd

dug Somerset yn Nhŵr Llundain heb imi fedru codi fy
llaw. Blerwch mawr fu i'r ddau ddod wyneb yn wyneb
yn f'ystafell i o bob man ac i Iorc deimlo mor gadarn ei
le ar y pryd fel y medrai ddal ar ei gyfle. Aeth yn sgarmes
rhyngddynt yn y fan a'r lle ond roedd dyrnaid da o
gynffonwyr Iorc wrth law a ninnau'n dau mor
ddiamddiffyn â dwy golomen.

Cyngor Siasbar ar y pryd oedd cuddio gwir gyflwr y
brenin rhag Iorc a'r senedd. Roedd dyfodiad y bychan yn
gymaint o wefr nes tynnu ei ddagrau ac yntau'n filwr o
ewythr wedi hen galedu ar faes cad. Wrth gadachau'r
plentyn yma y gorweddai tynged y wlad. Roedd Siasbar,
Edmund ac Owain yn hanner addoli Harri eu brawd mawr
erbyn hyn, a gwyddwn ei fod yntau, cyn iddo gael ei daro'n
wael, yn cenfigennu at Owain, a'i dynged yn caniatáu iddo
ymarfer ei dduwioldeb yn y clas yn hytrach na gorfod
ymgodymu â'r frenhiniaeth. Â'm mab yn sefyll ar y
trothwy roedd hi'n rheidrwydd arnaf sefydlogi'r frenhin-
iaeth honno, pa mor sâl bynnag oedd y brenin.

Eistedd neu ledorwedd yn ei gadair a wnâi Harri, ei safn
yn rhwth, a'i lafoer yn llifo'n ddiymatal dros ei ên gan
faeddu ei ychydig ddillad. Gorweddai ei ddwylo yn llipa
fel rhaff. Dros groen ei wyneb, oedd fel arfer yn dryloyw
wyn, ymledai brech goch yn glytiau bras o dro i dro nes
ei fod mor boeth â marwor.

Tra gorweddwn, medrwn anwybyddu'r budr wleidydda
yng nghynteddau'r llys, ond unwaith y codais roedd yn
rhaid imi ymaflyd ag o yn y gobaith o'i gladdu am byth
er mwyn tynhau'r tennyn a gysylltai fy mab â'r orsedd.
Disgwylid i frenin Lloegr, yn ernes dros olyniaeth ei fab,
gyflwyno'r mab hwnnw yn ei freichiau ef ei hun i

arglwyddi'r wlad cyn iddo dderbyn eu cydnabyddiaeth fel tywysog Cymru. Teithiodd amryw ohonom cyn belled â Windsor gan obeithio dwyn perswâd ar y brenin, ond roedd Harri druan fel hwlc ar fin distyll y môr. Pan aed â'r plentyn i'w ŵydd am y tro cyntaf ni throdd ei ben i edrych arno. Yr eildro, fi a'i dygodd ato, er bod fy mhennau-gliniau yn crynu nes clecian fel mangoed crin. Euthum cyn belled â gosod y plentyn ar ei arffed, ac er bod hwnnw'n edrych fel pe na thoddai ymenyn yn ei geg, ofer fu f'ymdrechion. Rhoddodd Harri un cip ysgafn, gwag ar yr wyneb bychan cyn i'w lygaid swrth gau. Llanwodd fy rhai i â dagrau poethion, parod a gwasgais, gwasgais y plentyn i'm mynwes. Cysgodion oeddem ein dau, mor ddisylwedd â'r cymylau. Â 'phleser y brenin' yn eisiau, roedd y drws yn agored i Iorc ei ddisodli.

Ar y cyfan roedd y warchodaeth yn boblogaidd gyda thrwch y boblogaeth, a gwelwn fod Iorc, a Warwig yn gynffon iddo, yn gosod llawer gwell trefn ar y wlad. Llywodraethent yn hytrach na breuddwydio a stwna fel Harri. Er hyn teimlwn i'r byw na chawswn fy mhenodi'n ddirprwy; dyna'r drefn yn Ffrainc ac fe fyddwn wedi arddangos fy rhuddin i bawb ar fyr o dro. Esgus pitw oedd fy meichiogrwydd, a daeth hwnnw i ben beth bynnag. Fel pob brenhines yn Lloegr trinid fi fel gwerin gwyddbwyll gan fympwy'r uchelwyr. Wrth f'anwybyddu dygent ddydd o brysur bwyso ar eu gwarthaf.

Yn ddirybudd un diwrnod, gofynnodd Warwig i mi pam nad oeddwn wedi cyhoeddi fy meichiogrwydd yng nghynt. Atebais fel saeth, 'Am nad oedd y brenin yn dymuno hynny, Iarll.' Rhoes hynny daw arno, er na wyddai'r brenin, druan, ddim am fodolaeth Edward.

45

Yr unig glust y medrwn ymddiried ynddi yn yr holl lys oedd un Siasbar. Nid oedd bod yn ddauwynebog yn rhan o'i natur agored, er na fedrwn, ar boen fy mywyd, ddatgelu'r gwir am fy mhlentyn iddo yntau, ond roedd ei ddoethineb fel balm o Gilead i mi yn y gweddwdod arwynebol hwnnw. Honnai fod Harri o hyd yn boblogaidd yng Nghymru a bod y dug wedi cael ei lysenwi'n faedd.

Ddeunaw mis wedi geni'r plentyn dechreuodd y brenin ymystwyrian a dadebru, fel pe bai gwanwyn ar gerdded. Ni ddaeth i'w bum synnwyr yn hollol ond fe'i gwarchodwn ef gymaint â'm plentyn nes fy mod fel iâr â dau gyw. Pan glywais ef yn siarad, yn aneglur fel meddwyn i ddechrau, llewygais, cyn gorchymyn i offeren gael ei gwasanaethu yn eglwys y plas.

A fentrwn gyflwyno'i fab iddo unwaith eto? Pan wneuthum hynny trawyd ef eto'n fud, cyn iddo gynhyrfu fel dŵr berw. Toc, gofynnodd am ei enw, a sibrydais innau dan fy ngwynt, 'Edward'. Lledodd gwên araf dros yr wyneb pruddglwyfus a chan fyseddu'r bychan o'i ben i'w draed, dechreuodd ddiolch i Dduw am y wyrth. Honnodd, yn ynfyd, ar weddi gyhoeddus mai'r Ysbryd Glân a'i cenhedlodd gan na wyddai am ei fodolaeth cyn hyn. Bu hynny'n fêl ar dafod yr Iorciaid a chododd ton ar ôl ton o sisial dan ddwylo yn y llys. Iorc, Rhisiart a Nan Warwig oedd yn bwydo'r malais heb ddafn o dystiolaeth a gwyddwn y medrai Nan Warwig roi taw ar fân glegar y merched pe mynnai, ond roedd hi'n ormod o gingroen i wneud hynny. Llymodd lach fy nghasineb, a hogodd fy ngelyniaeth. Arhoswn am fy nghyfle fel crëyr am bysgodyn, nes i Harri ymddangos fel pe bai'n holliach, yna, â doethineb pell-weledol Siasbar i'm harwain, cynllwyniais.

V

Erfyniais ar Harri i ddiddymu'r senedd a thrwy hynny'r warchodaeth. Gwnaeth hynny ag araith gyhoeddus o ddiolchgarwch gan fynd â'r gwynt o hwyliau Iorc. Ni fedrai hwnnw wedyn ond cilio'n anrhydeddus i'r cysgod. Rhyddhau dug Somerset o gaethiwed dihaeddiant oedd ei ail swyddogaeth, a'i osod eto mewn lle o urddas. Unwaith yr adenillodd Harri ei briod le, medrais innau grynhoi fy awdurdod, dylanwadu ar benodiadau, gwobrwyo lle y meddyliwn fod haeddiant, tawelu rhai o'r cwerylon piwis a fynnai godi eu pennau fel chwyn yn y llys a threfnu priodasau yn unol â hawl brenhines.

Ofer fu f'ymgeision i atal haelioni afradlon Harri. Diflannodd hynny o asgwrn cefn a feddai cyn ei salwch rhwng y cŵn a'r brain, a rhaid oedd i mi osod rhyw drefn ar ein tŷ. Rhannai bob sofren a ddeuai i'w law a maddeuai'n ddifalais bob sarhad a difrïad a luchid ato. Casawn weld ei weision powld yn ei blagio a'i ddynwared heb iddo droi blewyn. Ni feiddient wneud hynny o'm blaen i heb dderbyn blaen fy nhroed neu glewtan. Chwarae ddydd a nos â'r groes a grogai am ei wddf a wnâi, gan wisgo mor syml â'r distadlaf o'i ddinasyddion.

Oherwydd yr ymgecru a'r cweryla di-baid yn Llundain yn ogystal â'r anfri di-alw-amdano a bentyrrid ar y brenin, a'r ymyrraeth seneddol a bwysai ar ein gwynt nes gwneud imi deimlo fod gennyf gymaint o lwyth ar fy nghefn ag Atlas, penderfynais y dylem sefydlu llys iachach. Roedd Siasbar yn frwd am inni fynd i Harlech, castell ym mhellafoedd Cymru, ei draed yn y dŵr, ei ben yn y cymylau, a'r wlad o'i gwmpas yn dew o goed rhwng mynyddoedd cawraidd oedd wedi eu gwreiddio mewn corsydd. Roedd ei neuadd yn llawn o hyd o atgofion am Owain Glyndŵr.

Ar Coventry, yng nghanol gwlad wastad, agored canolbarth Lloegr y rhoddais i fy mryd, a dyna ble'r aethom. Doedd yno ddim cuddfannau i herwyr ymguddio yno a theimlwn fod croeso'r ardalwyr yn is na'r wyneb gan eu bod mor barod i arddel y rhosyn coch ar bob achlysur.

Ymgartrefais fel iâr ori ar ei nyth yno; heb grochlefain y senedd medrwn fod mor ysgafnfryd â'r gog. Rhoes Harri ei fryd hyd yn oed ar bererindota i Jerwsalem, canol y byd, gan obeithio ennill iddo'i hun ddeilen balmwydd. Medrem deithio ein tri yma a thraw ar hyd y wlad gan ennill calonnau'r werin. Yn y llys ei hun ceisiem grynhoi o'n cwmpas ysgolheigion, arlunwyr a cherddorion, yn union fel pe baem mewn llys Ffrengig. Weithiau bernid mai'r llys bach yma oedd y mwyaf ysblennydd yn Ewrop a theimlwn innau fod y frenhines, y chwythwyd yn boeth ac yn oer arni am ddeng mlynedd, o'r diwedd wedi ennill ei pharch. Yn ogystal â diddanu llawer, noddwn ysbytai ac ysgolion i ofalu am y bobl gyffredin. Pwysais ar Harri i yrru am rai o wydrwyr Ffrainc gan i'w gwaith yn Chartres dyfu'n fyd-enwog dros nos, ac unwaith y daeth rhai o'r goreuwyr i Eton datblygodd y fan honno'n batrymig ledled Lloegr. Adeiladwaith eglwysig a enillodd galon y brenin a lledaenodd ei ddiddordeb yn eu haddurnwaith dros y wlad yn gyflymach na'r Pla Du gynt. Gwelid Sant Jerôm neu'r Santes Catrin wedi eu goreuro o bant i bentan.

Euthum yn ddigon hyderus i fentro meddwl am faddau i'n hen elynion, a chan gymryd fy ngeiriau fel efengyl, a chan fod y syniad yn cyd-fynd â'i egwyddorion crefyddol cryf, roedd Harri ar dân am eu gweithredu. Â'i law ei hun, felly, yr ysgrifennodd at y senedd i argymell hyn. O'r pellter yma roedd llawer gwell dealltwriaeth wedi ei adeiladu rhyngom a hi; ni phoenai hanner cymaint arnom â'i phroblemau diddim. Ceisid llofnod y brenin wrth gwrs, ond trwy iddyn nhw gadw popeth ond newyddion da iddyn nhw'u hunain ni châi ei ysbryd tirion ei flino, a chryfhaodd ei iechyd.

Pwyso a mesur y cynnig a wnaeth y pendefigion, heb fod yn orfrwdfrydig, a chymerodd rai misoedd cyn inni fynd â'r maen i'r wal, ond trech brenin nag arglwydd. Yn anffodus, i ddangos ein hymddiriedaeth yn y senedd bu raid inni droi yn ôl i Lundain, a dyna neidio o'r badell i'r tân.

Fe'n croesawyd yno â gorymdaith fawreddog yn dirwyn am filltiroedd o gwmpas eglwys Sant Paul. Gorchuddiwyd ni ein tri â baneri, torchau a chonffeti ffair a byddarwyd ni â sŵn tabyrddau oedd yn codi'r bendro arnaf. Roedd yr eglwys dan ei sang a'i drysau ar agor i gannoedd eraill fel yr arweiniai Harri uchelwyr y deyrnas, oll yn eu gwisgoedd ysgarlad, i wasanaeth o ddiolchgarwch. Er mwyn diffodd pob gwreichionen o wrthwynebiad cerddais yno fraich yn fraich â Rhisiart Iorc.

Dim ond Harri a gredai'n ddiysgog mewn 'Maddau i ni ein dyledion, fel y maddeuwn ninnau i'n dyledwyr,' hyd yn oed y diwrnod hwnnw. Doedd dim gwlân mor drwchus dros fy llygaid i.

Codais fy maner. Bu'r gosfa a gawsant tua Llwydlo'n ddigon i yrru Iorc yn ôl i Iwerddon a Rhisiart Warwig i Calais at adar brith eraill i bluo ei gefn ei hun. Buan yr enynnodd y gwalch anesmwythyd yn y marwor yn Ffrainc a chofiwn innau'n boenus o hyd mai'r dug o Suffolk a wnaed yn fwch dihangol am yr holl diroedd a gollwyd cyn hyn yno. Erbyn hyn sibrydid mai ef hefyd oedd llofrudd Harri Beauchamp a hogai hyn f'atgasedd tuag atyn nhw. Unig fai'r hen ddug Suffolk yng ngolwg rhai pobl oedd ei orgyfeillgarwch â'i frenhines. Pan ddaeth ei wraig, a fu mor driw, ataf, gan eiriol am ei fywyd, ag ysictod fel cledd yn fy nghalon yr ymbiliais ar Harri, 'Gollwng William Suffolk o'r Tŵr, ddyn.'

Ysgwyd ei ben a wnaeth, gan egluro bod ei senedd ddieflig yn clymu ei ddwylo fel arfer. Collais fy limpyn a'i ysgrytian fel doli glwt. Achosodd hyn atal dweud arno a chymerodd gyhyd ag oes i'm hateb, 'T-t-t-tawn i'n d-d-dweud h-h-h-hynny mi d-d-d-dynnwn bawb yn fy m-mhen.' Aeth o'r ystafell a'm gadael â'm llid yn ffrwtian. O! na bawn wedi cael dyn yn ŵr. Pan glywais ymhen dyddiau lawer mai alltudiaeth fyddai ei gosb, dychlamodd fy nghalon, a chusenais fy morynion. Ar un adeg blodeuodd rhamant diniwed rhyngddo a mi, a thrysorwn ambell gân serch ysgafn a gyfansoddodd i'm llonni pan oeddwn fel hwyaden allan o ddŵr yn y llys od yma. Diolch, diolch imi ymateb mor ffafriol i awr ei gyfyngder. Roedd wedi blasu carchar Ffrengig ond mil chwerwach i ddyn yw carchar ei wlad ei hun.

Byrhoedlog ac ofer fu fy llawenydd fodd bynnag.

Byrddiodd William long i adael Lloegr am bum mlynedd. Bwriadai eu treulio ar y Cyfandir ond cyn iddo gyrraedd pen ei daith fe'i llofruddiwyd. Hyd y dydd hwn rwyf yn argyhoeddedig mai Rhisiart Warwig oedd tu ôl i'r weithred. Ymddangosai fel unben o frenin bach, balch yn Calais, yr unig feddiant erbyn hyn o'r holl diroedd Ffrengig y talodd fy nhad-yng-nghyfraith â'i fywyd amdanyn nhw.

Fel pe na bai'r camwedd hwnnw'n ddim ond gogleisiad awel, cychwynnodd Rhisiart, yn gawr i gyd, ar flaen byddin am Sandwich. Gan i mi gael gwynt o'i gynllun medrais bwyso ar f'ewythr i'w wastrodi. Er i hwnnw chwalu'i lynges i ebargofiant yn weddol rwydd gwyddwn mai ennill hindda cyn rhagor o ddrycin a wnaethom. Roedd y storm ar dorri, ac roeddwn innau fel cloch dân ym mhen Harri yn dweud wrtho am wneud rhywbeth. 'Be, be'r aur?' gofynnodd, heb wneud dim ond chwifio'i ddwylo.

'Rhywbeth. Cama i'r bwlch. Neidia i'r adwy,' llefais.

Y diwedd fu imi neidio ar gefn fy ngheffyl heb fawr o amcan i ble'r awn, p'run ai i'r gogledd, y gorllewin, neu'r de. Roedd yn rhaid mynd i rywle a throi pob carreg. Fe'm cefais fy hun yn carlamu'n galed, tua'r Alban i ddechrau, yna'n ôl i Gymru. Ar fy ngwibdaith felltennog carlamwn bob ceffyl i'w arrau, lladdwn ar bob gwas a geisiai ymresymu â mi a gyrrwn dros bob anifail a feiddiai groesi fy llwybr. Efallai hefyd imi fwrw ambell i berson fu'n ddigon powld i holi fy hynt a'm helynt. Roeddwn am wneud rhywbeth.

Yn sgil yr arglwyddi bach a mawr roedd mân fyddinoedd, rhai dan hyfforddiant a llawer yn ddim ond bagad o herwyr, yn talu gwrogaeth i'w harglwyddi fel arch-herwyr. Ar y rhain y gelwais, boed hwy'n chwe marchog

51

mewn lifrai neu wŷr slic y saethau sydyn mewn cefn. 'I'r gad, i'r gad,' ymgyrchwn. 'Sefwch dros eich brenin a'ch tad arglwydd.'

Y syndod yw iddynt heidio i'm dilyn fel pe bawn yn wr. Roeddwn yn gorhoian yn fy llwyddiant nes cyrraedd Llundain ond yno fe'm taflwyd oddi ar f'echel. Yn gyntaf, roedd Harri wedi'i herwgipio gan y seirff Iorc a Warwig cyn iddo gael ei ailosod yn ffrwynddall ar ei orsedd ei hun i ffug lywodraethu yn ôl eu mympwy hwy. Perchid ei berson ond diarddelwyd ef o'i gartref fel dyledwr, a chafodd letya fel pererin llwyd ym mhlas yr esgob.

A hyn oll yn fy ngwrthgefn, heb dorri gair â mi. Roedd yr oblygiadau mor amlwg â chefn llaw, gan y mynnai Iorc mai ef oedd o'r wir linach frenhinol. Bu bron imi wlychu fy mhais, a syrthiais oddi ar fy ngheffyl fel petawn wedi fy nharo â'r fad felen. Y chwilod, y drewgwn, fe'u llosgwn wrth y stanc.

Roedd Iorc wedi ennill cystal safle fel y medrai alw senedd ar ei liwt ei hun. Pan glywais wedyn ei hanes yn y fan honno euthum dros ben llestri; bron nad ymgrogais. Meiddiodd osod ei law dreisgar ar yr orsedd fel petai am ei meddiannu ar goedd. Parlyswyd y cynulliad fel dwsinau o sffincs nes i'r archesgob godi ar ei draed ac mewn llais drylliog dreisio'r tawelwch a chwalu'r tyndra. Mae geiriau Iorc wrtho y pryd hwnnw ar goedd gwlad fel dihareb: 'Ni wn am unrhyw un yn y deyrnas nad oes arno reidrwydd i weini arnaf, yn hytrach na fi arno ef.'

Gwnaeth ei hun yn gocyn hitio a sylwodd yr holl gynulliad ar ei haerllugrwydd wynebgaled. Roedden nhw wedi arfer â chwrteisi didwyll Harri wrth fach a mawr, ac aeth lled-ochenaid fel siffrwd tenynnau mur o fwâu ar draws yr ystafell. Ond ni syflodd Iorc ronyn. Ciliodd i'r ystafell frenhinol yn feichiog o urddas tra edrychai pawb arall ar ei gilydd yn fud. Roedd wedi cymryd cam mawr gwag gan fradychu ei fyrbwylltra. Serch hynny, yn ei law ef y gorweddai'r awdurdod, dros dro. Aed cyn belled â thorri Edward o'r olyniaeth o'i blaid. Ni fedrwn gredu, ni fedrwn amgyffred; roedd fel taflu'r goron i gi, neu luchio perl o flaen mochyn. Sut y medrai Harri werthu genedigaeth fraint ei fab ei hun? Gwyddwn ei fod yn sâl er i ni ddychwelyd o Coventry, roedd yn cilio ymhellach i'w gragen, fel malwen dan fygythiad tra oedd Iorc yn iach fel cneuen, ac yn gyforiog o'r egni hwnnw sy'n groen ychwanegol am ddyn sy'n meddwl llawer ohono'i hun.

Pris gwerthu Edward oedd addewid am heddwch ffug oedd i barhau cyhyd â bywyd Harri, a'r Iorciaid yn seilio eu holl hawl i'r orsedd ar goel gwrach. Roedd eu taid wedi cael ei orchfygu ar faes y gad mor sicr ag y gorchfyga'r nos y dydd. Ofnent ddiarddel Harri ei hun yn llwyr, yn unig am fod cynifer o farwniaid wedi tyngu llw o ffyddlondeb iddo pan oedd yn faban, gan y disgwylient yn naturiol iddo ddilyn yng nghamre ei dad fel cyw o frid.

Gŵr o argyhoeddiadau crefyddol pendant oedd ei dad hefyd ond ni ffolodd ar ei grefydd fel Harri. Meddai ar bersonoliaeth gadarn ac uchelgais a'i galluogodd, er yn ifanc, i greu delwedd o frenin oedd yn arweinydd naturiol, un y gellid ymddiried ynddo. Roedd yn rhyfelwr wrth reddf, heb arlliw o'r petruster a danseiliai fywyd Harri. Doedd dim dewis gennyf fi a'i gyfeillion yn y llys ond cyfannu bywyd Harri, pe na bai ond er mwyn y plentyn, ac ymhen ychydig crynhowyd y cnewyllyn a ddaeth cyn pen dim i gael ei adnabod fel 'Plaid y Frenhines'.

Yng Nghymru y llochesais i y pryd hwnnw, heb fawr feddwl fy mod yn cychwyn ar bererindod oedd i barhau trwy gydol y rhyfel. Tra oeddwn yn ceisio'r lloches wynebodd y tywysog a minnau ar argyfwng oedd yn ddigon i droi ein gwaed yn ddŵr. Wrth osgoi ffrewyll yr Iorciaid ar y gororau, trwy ryw amryfusedd, syrthiasom ein dau i ddwylo lladron pen-ffordd, a gafodd gystal helfa o'n paciau nes iddyn nhw golli arnyn nhw'u hunain a dechrau cweryla ymysg ei gilydd. Roeddem yn ffodus bod un llanc ifanc yn sefyll allan, a chan fod greddf yn gryfach na rheswm mewn argyfwng, tybiwn i mi weld ar ei wyneb fod gwell gwaelod ynddo na'r lleill. Fe'm teflais fy hun ar ei drugaredd, gan addo môr a mynydd iddo rywbryd. Gyda'i gymorth, taflwyd llwch i lygaid y cnafon eraill ac wedi peth gorhoian, medrodd y tri ohonom sbarduno'n meirch a diflannu fel ewigod i groth dywyll y goedwig.

Ni chafwyd taith rwydd wedyn chwaith, dros fryn a phant, trwy ryd a chors, i Harlech. Mae cymaint o dderi ledled Cymru nes bod pob llwybr yn igam-ogamu fel y nentydd. Yn y llennyrch clir rhyngddyn nhw mae hofelau to gwellt y taeogion wedi eu hadeiladu o'r deri, gwŷdd plethedig a chlai. Mae eu haroglau cryf yn eich tramgwyddo o bellter, yn enwedig gan fod cenfeintiau o foch yn tyrchu am fes a gwreiddiau o'u hamgylch, fel milwyr yn gwarchod caer. Yn y lleoedd mwy anghysbell ar lechweddau'r mynyddoedd croesid ein llwybrau gan eifr, llwynogod a cheirw, ac yn y nos dychmygwn fy mod yn clywed blaidd yn udo. Dyna pryd y disgynnai'r ddeilen, y criciai'r gangen yma neu y nofiai un arall ar awel finiocach. Y pryd hwnnw gafaelai'n harweinydd yn ei fwa, gan gablu yn Gymraeg. Ffrangeg carpiog a siaradai wrthyf fi, a dyfalais mai hanner Norman a hanner Cymro ydoedd. Doedd ganddo'r un gair o Saesneg.

Ar y daith cefais gip ar gastell segur Dinas Brân, gan inni dreulio'r noson yn abaty Glyn Egwystl gerllaw. Yno roedd sŵn morthwylio a llifio yn cydgordio â siantio'r myneich. Sut oedd gan yr abad galon i wynebu ar y fath ailwampio â'i frenin mewn cymaint picil? Gobeithiwn oedi yno'n anhysbys, ond er y llu fforddolion, roedd gormod o ddelw'r llys ar y ddau ohonom inni fedru cadw'n ddirgel. O leia, roeddem yn uchelwyr o bwys iddyn nhw. Dygwyd ni felly i gyd-eistedd â'r abad ei hun. Dyna fwyd a huliwyd o'n blaenau; digon ohono i fwydo byddin — mwy nag a welswn hyd yn oed yn Coventry; pedwar cwrs wedi eu harlwyo ar lieiniau gwyn, iwrch, sewion, conffets coch, siwgwr a bara gwyn. Wedi imi fod ar fy nghythlwng bwyteais fy hun yn llonydd. Prin y medrwn gerdded o gwmpas i weld y lle.

Mae'n em o abaty, fel llawer un bach tebyg yn Ffrainc, yn flagur Citeaux ar ei orau. Y pryd hwnnw roedden nhw'n ail-doi'r lle â llechi ffasiwn newydd gan helaethu'r nenfwd. Cyn hyn roedd clychau newydd soniarus wedi cael eu gosod, a chwmpas yr allor wen wedi ei heuro. Dangoswyd inni hefyd batrymau deiliog y bwriadent eu cerfio ar hyd y gangell cyn gorffen.

Nid nepell oddi yno, unwaith y rhydiwyd afon Dyfrdwy, gwelsom fangre ddi-nod llys Owain Glyndŵr a losgwyd i'r ddaear yn ôl ei haeddiant. Nid edrychai'n amgen nag olion castell tomen a beili henffasiwn. Ymhen y rhawg gwelsom gastell Harlech yn herio'r weilgi — y castell yr wfftiais ato gynt fel ffau ysbrydion. Cefais fy siomi ar yr ochr orau. Roedd yno groeso, a chanfûm yn fuan fod gan y Cymry galonnau triw dan eu hallanwedd fyrlymus a'u siarad fel melin a phandy. Roeddwn yn fy nyblau un noson pan godod tipyn o fardd i'n hannerch yn ei rwts rats o iaith gan guro'r llawr â phastwn i gadw'r mydr. Aeth yr holl gaer i bêr-lewyg bron a threuliasant oriau wedyn wrth ryw ewin dant.

Roeddwn i'n arch-bechadur pan giliais i'm gwely o'u sŵn; digon ohono i godi'r meirw, heb sôn am elynion. Efallai mai dylanwad Siasbar arnyn nhw a'u gwresogai. O hyn allan, ar ei graig ef y seilid f'achos. Anadlwn obaith oedd yn llwythog o fwriadau da.

Ond nid oedd i'w wireddu yma. Roedd Cymry Siasbar yn rhy oriog, yn rhy barod i chwarae â geiriau yn lle hogi eu cleddyfau. Dôi newyddion llawer mwy pendant o'r Alban. Awn yno, ond fedrai fy mab a mi byth wynebu'r fforestydd yna eto, ymbalfalu yn y tywyllwch a marchogaeth yn ddyddiol am oriau ben-bwy-gilydd.

Siasbar wrth gwrs a oleuodd fy llwybr trwy gynnig i mi groesi'r môr. Hwylio i'r gogledd a'r gaeaf ar ein gwarthaf. Doedd ei gynnig ddim yn fy mhlesio a bûm yn cerdded y nos cyn gweld mai dyma'r unig obaith i mi. Roedd rhaid hwylio o Harlech i Berwick. Ni feiddiwn wfftio'r cynnig.

VI

Wrth imi ruthro'n ôl oddi yno i Lundain ar flaen carfan o gefnogwyr, roedd yr anfri a ddioddefasai Harri yn sbarduno'r meirch, gwreichion eu pedolau'n adlewyrchu'r tân yn fy mol a'r sarhad yn fy hysio. Gwaeddai f'ofn hefyd wrth imi dramwyo mân arglwyddiaethau'r gororau. Tybed a oedd y Mortimeriaid yno'n noddi lladron? Erbyn imi gyrraedd gwastatir Lloegr gwelwn bob rhwystr yn dalcen tas o dramgwydd. Doedd dug Somerset ddim yno'n gefn imi'n awr ond aethai brwydr fawr Sant Alban, bum mlynedd cyn hynny, yn ddim ond crych ar wyneb y dŵr i bawb arall tra oedd, ac y mae, i mi, yn friw agored. Yno y lladdwyd fy nghariad ac y blaenllymwyd f'atgasedd tuag at Iorc.

Ar hyn o bryd meddyliwn efallai y byddai cael Harri yn fy ymyl, fel yr oedd yno'n dal y faner, yn rhoi hwb imi. Yn Sant Alban y cawsai yr anaf hwnnw yn ei wddf. Tra oedd pawb arall yn ymlafnio i'r eithaf bu raid ei gludo i fwthyn i'w drin. Gan gymaint y croeso a dderbyniodd yno nid oedd dichon ei symud; ymhyfrydai gymaint yn symlrwydd yr aelwyd nes anghofio'r cwbl bod dug Somerset wedi ei ladd. 'Bobol bach, bobol bach,' oedd ei unig sylw a minnau'n domen o hiraeth. O, na fyddai'r frwydr oedd ar ddigwydd yn rhyw fath o ddant am ddant, ond waeth imi beidio â hel meddyliau.

Cyn y wawr y daw'r awr dywyllaf a gwawr lachar oedd honno pan ddaeth. Roedd gweld lladd dug Iorc yn Wakefield, heb iddo gael cyfle i ymbleseru eiliad yn yr etifeddiaeth a ladrataodd, yn galondid mawr i mi yng nghors fy ngalar. Aethai'n orhyderus, a dwyn llu rhy fach i'w ganlyn. Cafodd ei ynysu ac wedi i hynny ddigwydd collodd ei ben a methu ffrwyno'i fyrbwylltra. Rhuthrodd fel pe bai'n arwain cenfaint o foch i lawr goriwaered i fan lle'r oedd yn rhaid iddo droi'n sydyn i'r dde cyn wynebu llu. Roedd yn hawdd i'r rheini ei daro yn ei gefn a'i ddal fel sgwarnog mewn croglath. Syrthiodd yn swp diymadferth, gweithred ryfygus odiaeth i warchodwr ac etifedd honedig teyrnas, ond anodd yw tynnu dyn barus oddi ar ei dylwyth. Yn y man gosodwyd ei ben ar bicell, dodwyd coron o sypyn o wellt arno a'i godi ar furiau Caer Efrog i dderbyn holl wawd y dorf. Hwn oedd y pen a ddisgwyliasai goron o aur, ei berchennog oedd gŵr cyfoethocaf Lloegr, yr uchaf ei gloch, y mwyaf ei awdurdod a'r mwyaf gwancus am yr awdurdod hwnnw. Parodd hyn i wefr fel mellten saethu trwof a bu ymron imi sgrechian gymaint â'r dyrfa. Roedd honno'n lloerig ac yn gyrru arni hi ei hun fel petai tân yn ei hysu. Druan o'r sawl a syrthiai dan ei thraed — fe'i sethrid i farwolaeth. Doedd pawb ddim fel fi, yn methu â thynnu ei lygaid oddi ar y treisiwr. I mi, roedd y sypyn gwellt yn goron ddrain ar ben gŵr a'i haeddai. Yn eu tro poerai fy ngwarchodlu eu dirmyg tuag ato nes bod y mur a'i cynhaliai'n diferu o ewyn. O'r diwedd aeth yr olygfa ffiaidd yn stwmp ar fy stumog, ac roeddwn yn falch troi fy nghefn arni. Eto, roedd yn rhyw lun o eli ar fy nghlwyf.

Yng nghysgod tywyllwch y mur roedd dyrnaid cynhyrfus

o'm gwŷr, wedi alaru eisoes ar y budreddi ac am chwarae dis. Ond, roedd yno rywbeth arall hefyd, rhyw anghenfil, nage blaidd a aeth yn sglyfaeth i wayw crwydr. Doeddwn i ddim am ddynesu gan fod ei ddrewdod eisoes yn tynnu'r clêr fel ewyn ar ddannedd craig. Crychwn fy nhrwyn cyn gweld y caglau o waed du'n cymysgu â'r blew hir oedd o ddüwch y nos. Craffwn arnyn nhw heb chwilio am eiriau pan ddaeth cigydd parod ar fy ngwarthaf, a'm gwthio, wrth frasgamu gyda'i gyllell finiog, yn od o agos at y celain. Bron nad oedd yn fy mheryglu â'i faslart hir o haearn gloyw yn y tywyllwch. Doedd o rioed am gynnig blaidd inni i'w fwyta? Mewn ton o gyfog, fel yr ymrannai'r milwyr, gwelais mai march oedd; march mawr a llathraidd Rhisiart Iorc â'i hirflew gwywedig yn adrodd eu straeon mud. Bu'n chwedl, a dyna'i groen yn canu ei gnul, a minnau'n atseinio hwyl fawr i'r cigydd o waelod fy nghalon cyn cyfogi.

Edrychasai cynifer o'r bonheddwyr at Iorc yn hytrach nag at Harri am awdurdod a threfn, a dyma fo erbyn hyn yn ddim ond sgerbwd. Roedd Harri wedi caniatáu rhwydd hynt ar ei domen ei hun i bob arglwydd ond cafodd hynny ei luchio ar draws ei ddannedd ganddyn nhw a edliwiai iddo ei fod yn frenin gwan.

Gollwng ocheneidiau o ryddhad a wnawn i gan feddwl bod yr holl derfysg wedi dirwyn i ben yn Wakefield, ac y câi pob arglwydd a thaeog ddychwelyd i aredig ei rŵn. Ni sylweddolodd hyd yn oed Siasbar bod y nifer o laddedigion ymhlith uchelwyr Lloegr wedi peri i'r ymrafael newid ei wedd. Mewn barbareiddiwch, aeth yr ysgarmesu o hynny ymlaen yn ymladd at waed, yn fôr o gasineb di-drai rhwng pleidiau Iorc a Lancaster, er na fu ond awr o ymladd law at law.

Peth cyffredin wedi'r fath ymladdfa benboeth oedd i lawer o'r ymosodwyr ddeisyfu talu eu gwrogaeth o'r newydd i'w brenin ac iddo yntau ei dderbyn â llaw agored, heb freuddwydio bod yr ysgrifen ar y mur. O hyn allan nerth bôn braich yn unig oedd i lywyddu. Roedd gan y dug fab a oedd mor uchelgeisiol â'i dad; aderyn llawn mor ysglyfaethus. Er i Harri, heb godi gwrychyn, gyd-fynd â theithio'n ôl i Lundain ar flaen ei osgordd ac ymateb i'r lluoedd oedd am y tro yn crochlefain eu cymeradwyaeth gan beri i'r gwrthdrawiad ymddangos fel crych ar wyneb llyn, gafaelodd yr Iorc ieuanc fel gele yn yr awenau pan gyrhaeddodd yno.

Derbyniodd Harri'r drefn newydd mor ddigynnwrf â chwsg. Roedd ei feddwl eto'n gwegian rhwng deufyd, ac erbyn i mi gyrraedd roedd yn rhaid iddo arwyddo hyn a'r llall. Chwaraeai i ddwylo Iorc. Gwyliwn innau fy nghyfle. Ond ni ddaeth. Ymddangosai Edward, yr Iorc ieuanc, fel pe bai'n baglu dros ei draed ei hun wrth iddo geisio llywio ei bolisïau a thawelu ei filwyr cyflog. Roedden nhw'n ysu am hogi'u harfau gan i'r ymladd a welsai llawer ohonyn nhw yn Ffrainc cyhyd fynd i'w gwaed, a doedd dim ond eisiau un cam gwag i'w cythruddo.

Codi'r gynnen a'i chwythu'n eirias a wnaed yn y diwedd a chan fod hyn i bob golwg yn annisgwyl doedd gan fy mhlaid i, neu Blaid y Frenhines, fel y câi ei galw, mo'r rhuddin angenrheidiol i wrthsefyll ymosodiad arall ar ôl heddwch mor fyrhoedlog. Aeth fy myddin i'r gwellt a thanseilio ein holl achos. Collodd fy milwyr bob rhithyn o hunan-barch ac yn eu hanobaith doedden nhw'n ddim ond barbariaid gwyllt, treiswyr merched a lladron penffordd. Caeodd dinasyddion parchus y trefi eu pyrth yn eu hwynebau. Erbyn Sul y Blodau roedd yr ail ddug yn ei gyhoeddi ei hun yn Edward y Pedwerydd yn Llundain, ac edrychai ar William Herbert, iarll Penfro, fel cannwyll ei lygad. Ef, mae'n debyg, oedd ei swyddog mwyaf profiadol, hufen y fyddin o Ffrainc, a chanddo adnoddau lawer ar ororau Cymru, fel ei gymheiriaid pwerus a lluosog, y Mortimeriaid. Pysgod bach mewn llyn mawr oedd aelodau teulu Penmynydd o'u cymharu â'r rhain.

Gorfodwyd i mi a Harri, a'm plentyn wrth fy nglin, fyw fel herwyr digroeso ar hyd y wlad. Daeth gaeaf caled, oer ar ein gwarthaf cyn i ni fedru cynnull rhyw lun ar fyddin arall ac mewn storm o eira y daethon nhw at ei gilydd. Ni ddisgwyliwn ddim ond cyflafan. Bu brwydr Mortimer's Cross yn groesffordd yn fy mywyd. Rhoddodd gyfle i ddynion gwangalon newid eu hochr mor ddi-hid ag y newidia carlwm ei got ar ddechrau'r gaeaf. Oherwydd yr hinsawdd aeafol ymddangosai'r haul fel pe bai wedi cael ei chwalu'n dri cyn iddo grynhoi'n un belen goch ar fachlud, camganfyddiad a barodd ddychryn i sawl un ofergoelus. I drwch anwybodus y bobl roedd yn arwydd fod hyd yn oed Duw o blaid Edward. Enillodd y llanc pedair ar bymtheg oed gefnogaeth anhygoel ac roedd ei fuddugoliaeth mor amlwg â'r haul ei hun.

Chwalwyd fy ngobeithion i a rhai llawer o bobl eraill yn chwilfriw yn y storm eira felltigedig honno. Onid oedd neb yn meddwl am fy mhlentyn gwyn? Gwasgwn ef ataf; doedd ganddo neb ond ei fam i'w amddiffyn. Rhyfeddwn at ei ddiniweidrwydd. Derbyniai'i anghysuron corfforol heb holi. Âi'n brin o fwyd ac yn oer yn nhrymder y gaeaf. Gwelais ei ben yn blorynnod o achos y budreddi y gorfodid i ni ymdrybaeddu ynddo yn y coedwigoedd. Bu nosweithiau pan ofnwn gynnau tân i sychu'n dillad a cherddai llau dros y ddau ohonom mor hamddenol â defaid ar fynydd. Aeth y brenin ei hun mor ddi-feind ohono â'r dyn yn y lleuad. Ymbleserai mewn gweddïo dros ei enaid ei hun a pharatoi at y byd oedd i ddod heb boeni am y byd hwn a'i helbulon. Ymfalchïai yng nghraster ei grys garw, gwerinol gan droi clust fyddar at bopeth a ddywedwn wrtho; nes iddo glywed ar siawns gan rywun am ddienyddiad Owain Tudur, ei dad gwyn, yn Henffordd. Doedd hwnnw'n ddim ond un o nifer i mi a freuddwydiais i ddim am sôn amdano wrth Harri, ond galarodd fwy drosto nag a wnaethai dros yr holl rai eraill a laddwyd mewn cad. Tybed a oedd wedi anghofio ei fod ef, neu rywun ar ei ran, wedi cael ei garcharu am iddo feiddio priodi Catrin, ei fam, yn ddirgel flynyddoedd yn ôl? Yng nghanol pob helynt arall, doedd dim modd ymresymu â Harri hyd nes ein bod wedi trefnu rhoi angladd syber i weddillion maluriedig Owain Tudur. Mynnai wybod ei fod wedi cael ei gladdu'n Gristionogol yn nhŷ eglwysig y Brodyr Llwydion o fewn muriau Henffordd cyn i'w ofid gael ei liniaru.

Pe clywsai am y cyfan a ddigwyddodd, fe fyddai wedi torri ei galon. Gan fod Owain Tudur yn arch-garcharor derbyniodd fwy na'i siâr o sylw maleisus Edward. Dymunai dalu'r pwyth yn ôl am y driniaeth a roddwyd i'w dad yng nghyffiniau Caer Efrog. Gosodwyd ei ben mewn lle blaenllaw goruwch y farchnadle yno, i dderbyn anterth y crechwenu cyhoeddus. Eto i gyd, clywsom i ryw wraig druan a elwid gan ein gelynion yn wallgof drafferthu i gribo ei wallt a golchi ymaith y gwaed oedd ar ei fochau, cyn gosod canhwyllau'n gylch o'i gwmpas. Efallai i'w farw urddasol drywanu ei chalon neu efallai mai Cymraes o waed ydoedd. Roedd llond gwlad o ofid ar ei ôl ef yn bersonol.

Ar yr awr ddudew hon doedd neb ond y Cymry'n gadarn i'r carn o blaid Harri, yn ôl Siasbar, er bod sibrydion eraill i'r gwrthwyneb, rhai na choleddai ef. Codi'n uwch ar ddeheulaw Edward fel pryfed tom, a wnâi William Herbert. Aeth yn arglwydd Herbert dros nos ac ar ei ysgwyddau ef y gosodwyd y cyfrifoldeb o dorri asgwrn cefn yr ymlyniad wrth Siasbar yng Nghymru. Gan fod gwaed tywysogion Gwynedd a Phowys yng ngwythiennau Edward Iorc, meddyliais am ychydig ei fod yn dderbyniol gan rai Cymry. Casgliad o arglwyddiaethau bob sut oedd yno, yn driw hyd yn hyn, er bod rhai o'i phrif weinyddwyr yn gachgwn o'r iawn ryw, yn cynffonna i Edward ac yn honni ei bod yn weddus i uchelwr newid ei ochr a Duw wedi rhoi'r fuddugoliaeth i frenin ar faes y gad. Bwydai'r Mortimeriaid bob simsanrwydd. Ar y gororau roedden nhw'n byw ar floneg yr amser oherwydd eu tras.

Siasbar ar herw oedd yr unig un, fodd bynnag, a oedd yn barod i gynnig lloches i'r brenin, a hynny, er gwaethaf ei ofid personol chwerw, a'i gred ddisigl mai ei ystyfnigrwydd yn wyneb ei elynion a barodd i'w dad Owain golli ei fywyd. Ymdeithiodd yn ochelgar o Drefeglwys i Bennant Bacho a choedwig Allt-y-brain, a rhodiodd Bumlumon cyn ailymddangos tua Charno a Drws-y-nant i gyfarfod â Harri a mi yng nghastell Harlech. Tybiai mai hwnnw oedd y fangre fwyaf diogel ym Mhrydain i fod yn ymguddfan i Harri, nid yn unig oherwydd ei anhygyrchedd ond hefyd am fod cymaint o chwerwedd ei gyd-genedl wedi ei gronni yno oherwydd dienyddio Owain.

Roedd y llwythau o amgylch Harlech yn byw eu

bywydau eu hunain heb i'r llywodraeth ganolog fennu llawer arnyn nhw, a hen arfer ers cyn cof yno oedd llochesu herwyr. Amgaeai eu mynyddoedd uchel, didramwy hwy ac ymglymai'r bobl leol fel un gŵr. Pobl leol o deuluoedd y plastai cyfagos, fel Ynysmaengwyn a Chorsygedol, oedd y gariswn yno ac roedd Dafydd ap Ieuan ap Einion o'r Cryniarth yn Edeirnion yn gwnstabl o'r iawn ryw. Honnid ei fod mor gywir i'r goron â Siasbar ei hun ac roedd ef a'i ffyddlondeb bellach yn chwedl, ond doedd e byth, byth yn ystyried mai'r Albanwyr oedd cynghreiriaid naturiol y Ffrancwyr, a'm bod yn caru edrych tua'r wlad honno fel pe bai ar fy ffordd adref.

Am Ffrainc a'i pherllannau breision y dyhewn i, er mwyn cael fy adnewyddu gorff ac ysbryd, ac yno y cyrchais, wedi i Siasbar ymadael gyda Harri fel bwgan brain wrth ei ochr. Dychwelodd fy mab a mi, yn ddistaw fel dau leidr, i'r wlad a adewais â'r fath seremoni ddwy flynedd ar bymtheg ynghynt, heb freuddwydio bod y fath gwpanaid chwerw yn aros i gael ei yfed. Lluchiais fy hun ar ei thrugaredd, er nad oedd fawr o olion yr eneth ieuanc wyneb-lawn ddi-rych fel lleuad a adnabu gynt ar ôl. Brithodd fy ngwallt dros nos a lledodd llinellau gofid yn rhwyllog fel memrwn dros yr wyneb cadarn. Roedd yn nosi a llygaid y dydd yn gwyro'u pennau.

VII

Byrhoedlog fu f'alltudiaeth y tro hwn; doedd 'y fleiddes', fel y llysenwyd fi, ddim wedi cefnu ar Loegr am byth. Trwy ymgreinio gerbron fy nghefnder titw, a oedd wedi esgyn i'r orsedd ar farw f'ewythr, llwyddais i grynhoi byddin arall. Llesol bob amser i Ffrainc oedd Lloegr ranedig ar garreg ei drws. Hunanoldeb Lewis a barodd imi ennill y dydd. Trueni na fyddai grym hwnnw wedi ein cludo'n ddiogel i Loegr. Chwalwyd fy llynges hur fel mân us i bob cyfeiriad gan y gwynt a oedd fel petai am fy nghythruddo bob tro yr wynebwn y Sianel. Buom dridiau oedd gyhyd â mis yn croesi, a dyrnaid o'r fyddin fawr a gyrhaeddodd dir y gogledd. Trwy deithio liw nos yn unig y medrais gyrraedd Harlech oddi yno, a dyna lusgo Harri a'i gruglwyth llyfrau a'i gyfansoddiadau cerddorol niferus linc-di-lonc, trwy dywyllwch a oedd fel mynydd o huddygl i Berwick. Da o beth fu imi wneud hynny. Cyn pen dim daeth yn awr o brysur bwyso ar garsiwn Harlech. Cynullwyd lluoedd o dri chyfeiriad i godi gwarchae arni. Cyn ei chyrraedd, bu iddyn nhw ddifrodi llawer o eiddo a da letraws y wlad, ond bu eu hymddygiad yn Harlech ei hun yn destun siarad cenedl. William Herbert a'u crynhodd, dim ond er mwyn codi ei stad ei hun tua Llundain, lle'r oedd mor amhoblogaidd â Judas. Roedd am lorio Siasbar, doed a ddelo, heb falio botwm os rhwygai hynny Gymru benbaladr.

Nid anghofir ei gyrch am hir. Aeth dros y tresi'n llwyr, gan grogi'r rhai mwyaf diniwed wrth brennau eu tai, a thorri pennau rhai eraill na wnaent ddim ond sefyll ar riniogau eu drysau'n holi achos cythrwfl y peiriannau rhyfel a'r clariwns fu'n rhygnu yn Ffrainc. Gan gymaint ysfa'r tanau eithin a gâi eu chwipio gan wynt y môr, aeth y mwg yn drech na'r milwyr, nes ei bod yn amhosibl gweld y cawodydd saethau. Dim ond cropian drwyddo o lech i lwyn a wnaeth Siasbar, i achub ei groen er gwaethaf llanw anwadal y Bermo. Wedi'r alanas yma y gwnaed Herbert yn iarll Penfro, a thorri crib Siasbar.

Doedd gen i ddim calon i osod Harri fel arwyddlun ar flaen ein byddin mwyach. Roedd yn ein mysg heb fod yn un ohonom. Wrth iddo fod gyda ni meddyliem ei fod yn llai tebygol o gael ei herwgipio. Â theimladau cymysg iawn y gosodais fy hun, fel Siân gynt, ar flaen y gad, heb weledigaeth gyfriniol ond â styfnigrwydd fel ithfaen. Wrth ffarwelio â Harri ni freuddwydiais na welwn ef byth wedyn. Daeth ein priodas ugain mlynedd, mewn popeth ond enw, i ben y diwrnod hwnnw.

Ofer, chwerw a chaled fu'r ymgyrchu ac unwaith yn rhagor cafodd fy mab, Edward, a minnau ein hunain ar herw. Nid arhosodd na gwas na morwyn gyda ni a gwelais mai, 'Gwae'r neb a gâr y Nordd' oedd hi. Ar ôl Hexham coedwig drwchus oedd yr unig loches i ni, ac roedd honno'n berwi o ladron a phob math o ddrwgweithredwyr. Treuliais un o'r nosweithiau hynny na fydd neb byth yn eu hanghofio yno. Ar y cyntaf, roedd yn noson fel bol buwch, heb arlliw o loer na sêr i'w canfod trwy'r canghennau a chwatwn innau fel anifail heb wâl a'r plentyn drud ar f'arffed, mewn hun anesmwyth, ei wyneb yn wlyb o ddagrau, ond yn y diwedd aeth lludded y diwrnod hir yn drech na'i deimladau. Diolchwn i Dduw amdano; hebddo, fyddai bywyd i mi ddim yn werth ei fyw wrth i mi dreulio awr ar ôl awr yn y goedwig lethol lle'r oedd pob coeden yn ysbryd a phob perth yn fwystfil. Gafaelai ofn ynof a barai imi anghofio popeth am fwyd, fy lludded a'm digalondid. Gafaelai fel gele; ofn a oedd yn wallgofrwydd noeth, nes parlysu pob teimlad arall fel y treiddiai i fêr f'esgyrn ac i graidd fy modolaeth. Cymwynasgarwch fyddai bod wedi fy lladd yn y fan a'r lle.

Pan gododd lleuad lwyd-olau yn erbyn y cymylau filltiroedd uwch fy mhen ymddangosai f'amgylchedd yn iasol. Iddo cerddodd tarw o ddyn â'i amlinell symudol yn gawraidd. Er y gwyddwn nad oedd yn ddim amgen na herwr gwyllt, parodd ei ddyndod i mi, yn fy ngwallgofrwydd, estyn y plentyn iddo. Crygwn wrth siarad a gwichiais, 'Os mai arian a geisi, does gen i ddim gan imi rannu pob dimai eisoes. Ond os oes gen ti galon a ŵyr ryw lun o drugaredd, neu os bu gen ti fam fu'n sefyll uwch dy grud, ymddiriedaf y plentyn yma i ti. Dyma fab dy frenin eneiniog, etifedd gorsedd Lloegr. Os achubi di ef fe achubi d'enaid a'th wlad. Rhof ef yn d'ofal. Dos.'

Roedd o mor syfrdan â sant, ac am ennyd hir ni wnaeth ddim ond sefyll yn stond fel milwr yn gwarchod, yna'n drwsgl lluchiodd y plentyn fel sach ar draws ei ysgwyddau. Cydiodd ynof innau gerfydd fy ngwasg a'm llusgo rywsut-rywsut trwy'r prysglwyni trwchus oedd fel gwydr o bigog. Erbyn toriad gwawr roeddem mewn hofel arw. Ar ganol y llawr roedd tân yn mudlosgi a gollyngodd y ddau ohonom fel sypynnau ar lawr. Heb oedi, enynnodd y tân yn fflam groesawus a chynigiodd inni fedd twym a oedd fel neithdar.

Llithrodd hwnnw trwy f'ymysgaroedd gan beri i'm gwaed ceulog ailgylchynu. Fel yr ymystwyriai'r plentyn mentrais edrych o'm cwmpas. Hoewal o le gwag yn llawn cysgodion ydoedd. Yn un gornel roedd eithin a gwellt yn gymysgfa o wely; wrth ei ymyl gorweddai coflaid o grwyn drewllyd, ymhlith esgyrn pwdr, gweddillion sawl pryd bwyd. Ger y drws roedd ychydig o gelfi garw, a phastynnau praff, tra crogai bwâu hirion mewn cyflwr parod mewn lle o anrhydedd wrth y distiau. Llenwid yr ochr gyferbyn gan boethwal oedd mor wyn â'r esgyrn sychion. O dro i dro lluchiai ein gwesteiwr fonion ohono ar y tân a hisiai a chleciai hwnnw'n fywiog gan boeri gwreichion fel pwythau o frodwaith yn y llwybr llaethog o fwg cyn iddo farw yn entrychion y to.

Er inni dreulio pedair awr ar hugain yno ni thorrodd ein cwmnïwr air â ni, ond rhaid bod ganddo ddeallusrwydd cyfriniol neu fod dail y deri niferus yn sisial yn ei glustiau. Liw'r nos ganlynol, medrodd ein tywys fel defaid i benrhyn uwchben y môr lle'r oedd cwmni'n barod i godi hwyl am Ffrainc. Cyn imi fedru diolch iddo, diflannodd i'r gwyll fel draenen i gnawd. Tybed ai mudan oedd?

Cwch salw, gorlawn a'n cludodd dros y môr. Roedd tasgiad ei rwyfau fel cnul ac ymchwydd pob ton fel tro ar fy nghalon. Diolch mai crychu a wnâi'r môr fel arian byw, y tonnau brigwyn yn wisgi ond yn chwarae â ni wrth lepian yn flêr yn erbyn y cwch, nes ein siglo'n ôl a blaen fel gweirglodd dan wynt. Tra oedd bywyd roedd gobaith, roedd fy mab yn holliach a Harri, hyd y gwyddwn, yn fyw. Yn llewyrch hynny o obaith, rhaid oedd ailgynllunio.

Erbyn hyn roedd fy nghefnder yn barod i droi pob carreg i gadw'r ddysgl yn wastad rhyngddo ef a'r ymhonnwr

Edward Iorc. Roedd ei groeso imi mor farw â hoelen gan ei fod wedi gobeithio arwyddo cadoediad arall rhwng y ddwy wlad. Roedd fy mhresenoldeb yn benbleth iddo a phenderfynodd mai ei bolisi doethaf fyddai f'anwybyddu. Bu raid inni i gyd gilio fel gwiwerod i ddugiaeth o eiddo 'Nhad ar y Marne yng ngogledd-ddwyrain Ffrainc. Doedd hi fawr mwy na llafn cledd a chardod o'i law dlodaidd ef fu'n hunig gynhaliaeth. Bu raid i mi gyfrif pob ceiniog ddwywaith drosodd fel y cybydd pennaf, er mwyn cadw'r blaidd o'r drws a gofalu nad oedd neb ar ei gythlwng.

Gobaith yn unig a'n cynhesai. Gwreiddiwn ef yn fy mab, a'i hyfforddiant ef a'm cynhaliai. Addysg a ddygai iddo wybodaeth, a gwybodaeth ddoethineb, ond iddi beidio â bod yn addysg chwip, ac yntau yn ei arddegau. Ar glawr a chadw ger ei fron gosodais dryfrith o gynghorion ar sut i reoli gwlad, a phe bai wedi cael y cyfle i'w gweithredu dichon yr adeilasai wlad a lifeiriai o laeth a mêl. Mynnais iddo hefyd fod yn hyddysg yn y pedair camp ar hugain, a sicrhau nad oedd ganddo nac ewyllys nac amser i gymowta â'r macwyaid diog a chwaraeai ddisiau wrth ein traed. Meithrinfa o dŷ digon diaddurn oedd ein noddfa iddo ac â'm llaw fy hun y gwnïais ef yn ei ddillad ddechrau'r gaeaf. Doedd gen i neb ond y teulu yma o hen gyfeillion i'm swcro. Yn flaenwr cynhaliol arnynt roedd Siasbar a threuliais gryn amser yn ei gwmni, er na welai ef, mwy na mi, i ble y byddai'r awel nesaf yn chwythu. Roedd yn ŵr hynod amlochrog. Nid fy Harri i oedd yr unig saeth yn ei gawell.

Roedd hiraeth am Edmwnd ei frawd yn dal i'w ysu, a theimlai'n od o gyfrifol am y plentyn a anwyd i wraig hwnnw rai misoedd wedi ei farw, ac a gâi ei fagu yng nghastell Penfro, plentyn oedd yn arddel yr un enw â'm gŵr. Yn ein halltudiaeth clywsom i'r castell fod dan warchae a byddin Edward fel bytheiaid wrth y porth. Pryderai Siasbar yn naturiol am ddiogelwch Harri ei nai. Unwaith y newidiodd y castell ddwylo doedd dim modd rhwystro'r ewythr rhag croesi'n ddirgel a hel ei draed i Benfro i olrhain ei dynged. Unwaith y priodwyd 'Cyw'r Wennol' â merch William Herbert, iarll Penfro, aeth croesi yn fater o raid iddo.

Er ei fod mor gyfarwydd â thirlun Penfro ag â chefn ei law, gan fod pridwerth cyfuwch â thŵr Babel ar ei ben, am ei fod yn gonglfaen i'n hachos, teimlwn ei fod yn mentro'i siawns er mwyn plentyn a ymddangosai i mi'n ddibwys. Roedd mor hawdd ei adnabod â phluen paun mewn het, a'i daldra'n olau cannwyll uwchben pawb. Ar bob achlysur mynnai wisgo bathodyn aur ar ei ysgwydd, i ddangos ei fod yn farchog o Urdd y Gardys.

Un diwrnod gofynnais yn syth bin iddo, 'Pam wyt ti'n rhoi dy ben mewn rhwyd dros Harri dy nai byth a hefyd? Prin dy fod ti'n nabod y plentyn. Dydi o rioed wedi bod dan dy draed fel Edward. Does dim pris ar 'i fywyd o; Edward ydi'r pelydr, a'i ddyfodol o sy yn yr arfaeth.'

Edrychodd arnaf, a rhythu fel petawn newydd atgyfodi o farw cyn dweud, 'Wyt ti'n ddall bost, wraig? Wyt ti wedi dy biclo mewn hunanoldeb? Ma' gin y crwt yma hefyd hawl i orsedd Lloegr.'

Bu bron imi lewygu a gwaeddais, 'Na, Siasbar, o na, na!'

Aeth ymlaen heb wyleiddio dim, 'Cofia pwy ydi o. Heblaw bod yn nai i mi mae o'n berthynas o drwch blewyn i'r brenin Harri ac yn Iorciad i'r carn o du 'i fam. Mi fasa'n gystal gwrthrych â neb i gyfuno'r ddwy blaid 'ma sy'n torri gyddfa'i gilydd, a chyflawni'r broffwydoliaeth am y Mab Darogan.'

'Mab Darogan,' atebais, 'Twt lol noeth ydi hwnnw, dim ond gwynt.'

'Gwranda, dyma be ma'n beirdd ni'n ddweud, 'ta beth,' oedd ei ateb,

> *'Kael iddo, Gymro, nid gwaeth,*
> *Yn i henaint vrenhiniaeth.'*

'Dwyt ti o bawb ddim yn credu rhyw ganu bol clawdd fel yna? Dyn sy wedi gweld y byd, a thipyn o grebwyll gynno fo,' meddwn eto, gan obeithio cuddio rhagddo ei fod wedi f'ysgwyd i'r carn.

'Weli di hwn?' meddai gan ddangos llyfryn swmpus i mi.

'Mi welis i di â dy drwyn yn'o fo fel camel mewn tywod,' atebais cyn iddo barablu ymlaen, 'Hwn ydi sylfaen cred pob Cymro gwerth ei halen. Ma' Sieffre ddoeth o Fynwy wedi'i osod o o'n blaene ni fel efengyl a chyhoeddi i'r byd a'r betws nad oes cenedl fel y Cymry, cenedl hynaf Ewrop a'i chefndir yn ymestyn yn ôl i'r hen Roeg.'

Fedrwn i ddim peidio â tharo'r post i'r pared glywed trwy sgyrnygu arno, 'Am genedl wallgo, dwp fel maip. Wyddan nhw ddim ar ba ochor i'r clawdd i sefyll. Ma' rhai wedi ymladd hefo Ffrainc fath â'r Owain Lawgoch yna, a chael 'u llofruddio am 'u trafferth, tra bo'r lleill yn cefnogi'r Saeson, ac eto'n tyngu'n ddu-las na fynnan nhw fod yn Saeson. Ma' nhw mor oriog â chawodydd Ebrill.'

Brysiais o'r ystafell cyn iddo gael y gair olaf gan gau'r drws yn glep yn ei wyneb. Serch hynny clywn ef yn chwerthin lond ei fol. Y cerlyn.

Fedrais i yn fy myw na darllen na deall y fath bobl ddeublyg, ond roedd Siasbar yn eu harddel â'i enaid, ac yn ôl y sôn, roedden nhw'n barod i'w glodfori ef i'r cymylau, yn ail Owain Glyndŵr. Yn ôl eu beirdd roedd disgwyl iddo, er ei alltudiaeth, ennill buddugoliaeth mor sicr â bod sêr yn cael eu hadlewyrchu mewn afonydd. Honnent nad oedd Sais yn y wlad na chrynai yn ei fotasau pan sibrydid ei enw. Ef oedd yr un i ddial pob camwedd, a phan lwyddai ei achos, y bwriad oedd offrymu aur ar allorau i un o'r seintiau.

Plannodd ansicrwydd mawr yn fy nghalon. Oedd y plentyn o Benfro i gael y llaw uchaf ar fy Edward i hefyd? Unwaith y clywais ei fod yng ngofal William Herbert a'i fod i gael ei fagu fel aelod o dylwyth hwnnw, rhoddais fy nhroed i lawr a dweud wrth Siasbar am anghofio'r cog. Llyncodd ful a ffromodd yn bwt a thra oedd yn hel ei bac i'n gadael unwaith eto styfnigodd y ddau ohonom fel pâr o asynnod, nes bod pawb o'n cwmpas yn ofni tisian. Thrafferthais i ddim disgyn i ffarwelio ag e; câi fynd i'w aped fel pawb arall, ond roedd Edward mewn lle mor gyfyng, â'i fys ym mhob brywes. Doedd o'n colli dim, a dilynodd ei ewythr o bared i bost at y Marne.

Yno, ddyliwn, roedd y llong ddu, braff yn llercian. Bu'r crwt yn giamstar i'w gweld. Dychmygasai pawb arall mai llong o we oedd, un a fedrai ddiflannu i wyll rhyw Ynys Afallon, neu suddo i ddyfnder fel môr-forwyn.

Âi Siasbar o le i le fel rhith ar rew. Weithiau roedd ym Mhenfro, dro arall yn yr Alban neu Iwerddon cyn ymgnawdoli'n gawraidd yma. Ni ddatgelai byth ei fynediad a'i ddyfodiad i mi, ac roedd o'n arch-feistr ar droi'r sgwrs oddi wrtho ef ei hun. Codai len ddur rhyngom oedd yn darian ddiwyro. O fân siarad arall a bwysai ar fy ngwynt y clywais am y cynllun bôn clawdd i godi seintwar iddo yn aber afon Mawddach 'a'i hanner mewn tonnau' yn ôl y sôn, ac yn fridfa i bob math o afiechydon. Ble'r oedd ei long braff pan lusgem yma fel grifft yn y cwch clwc hwnnw? Bwhwmai yn ôl a blaen fel lleuad rhwng y cymylau neu gysgod mewn drych, a'i gyfrinachau mor glòs â phetai'n canlyn gwraig briod. Enigma i mi oedd, dyn na fedrwn ei adnabod i'r carn ond eto un oedd yn rhaid imi adael popeth yn ei ddwylo, er bod ei gymhellion fel dŵr nant.

Cludai lawer o glecs i ni, clecs a fyddai wedi hen foddi cyn ein cyrraedd fel arall. Dychwelodd â'i wynt yn ei ddwrn un tro wedi iddo glywed bod Harri'n garcharor unwaith eto. Yn ôl y sôn aethai ar grwydr pan deimlodd y gwanwyn yn cerdded y tir gan osgoi pob gwas â chyfrwystra'r gwirion. Crwydrodd yma a thraw o bentref i bentref gan fwyta wrth fyrddau'r werin a chysgu dan eu cronglwyd mor ddiniwed ag oen. Gan eu bod yn anllythrennog, ac ymhell o bob ffair a marchnad lle y cyfnewidid newyddion, a rhoi cyfle iddyn nhw ddod i wybod pwy oedd, roedd mor ddiogel â baban mewn croth. Os gofynnid iddo am ei enw, 'Harri' oedd ei ateb yn ddifeth, ac am ei fod yn mwynhau eu bywydau syml, heb gyfrifoldeb, ni chododd unrhyw amheuon, nes i'r chwedlau am Harri'r sant dyfu'n ddigon diddorol i ddal clust milwr Iorcaidd mwy effro na'r cyffredin oedd yn gwasnaethu yn Clitheroe, swydd Gaerhirfryn.

Dyna a roddodd fod i un o weithredoedd mwyaf aflan yr Iorciaid. Unwaith iddo gael ei ddal, fe'i clymwyd ar farch, a'i arwain mewn cyfflogau fel dihiryn trwy strydoedd mwyaf garw a drewllyd Llundain, gan ganiatáu i garidýms a gwehilion y strydoedd hynny ei watwar a'i bledu â phob math o fudreddi o'r cwterydd. Cyflwynwyd ef iddyn nhw yn eu hanwarineb fel y trawsfeddiannwr mwyaf diegwyddor dan haul, a'i wraig yn greadures gwrs, lac ei moes. Wedi oriau benbwygilydd o'r fath gamdriniaeth, cafodd nodded carchar y Tŵr. Serch hyn i gyd, iddo ef, y gŵr gwâr bonheddig ar bob amgylchiad, yr aeth yr oruchafiaeth. Cyn iddi nosi, roedd myngial y dorf, er ei hafresymoldeb cynharach, yn dechrau troi o'i blaid, er nad oedd ef yno i weld hynny. Drwy'r cyfan, fe fu'n waraidd, maddeugar a chwrtais, yn unol â'i natur urddasol.

Newyddion a barodd imi ryfeddu oedd bod Edward wedi priodi ag Elizabeth Grey. Un o wragedd y llys oedd hi, yn weddw ac yn fam i ddau fab ac yn dipyn o bisin, yn ôl Siasbar. Yn ddi-os, fe ddôi'r briodas yma â theulu arall i grafangio o gwmpas yr orsedd. Chwerthin dan ein dwylo a wnaethom ni pan glywsom fod y fargen wedi ei selio yng ngwrthgefn Rhisiart Warwig, a hwnnw ar y pryd yn fawr ei drafferth yn trio brodio priodas Ffrengig arall i sefydlu cadoediad; yr un hen stori, ond bod y llanc ifanc yma'n llai dan y fawd na Harri. Gwrandawsai hwn ar ramant bore o Fai a gwahoddiad y wig yn hytrach nag ar y cynllwynwyr. Fe roes sbocsan yn olwynion Rhisiart Warwig a'i freuddwyd eto am glosio'i deulu at lys Ffrainc. O, roedd fy nhafod i yn fy moch. Creadur unllygeidiog oedd Rhisiart, un na welai ymhellach na blaen ei drwyn. Fe dynnai nyth cacwn am ei ben. Fedrwn i byth anghofio'r croeso oer a roes y Saeson i mi yn Plymouth wedi'm priodas. Doedden nhw ddim am wreiddio'u llygad y dydd o Ffrainc.

Er i'r briodas fod yn dawel a chyfrinachol yn ôl y sôn, aed ati'n syth bin wedyn i arddangos y wraig newydd ar goedd gwlad. Mynnwyd iddi gael ei choroni'n llawn rhwysg a hynny heb i'r un o'i frodyr godi ei gloch. Efallai eu bod hwy mor ddiymadferth â mi. Hon oedd awr fy nghroeshoelio i. Âi'm stad yn is ac yn is.

Dyfalwn bod haul tanbaid Rhisiart Warwig bellach ar fachlud, a'i le amlwg ar ddeheulaw'r brenin yn llai sicr. Ef oedd yr unig un o'r hen ddwylo a fu'n cynhyrfu'r dyfroedd yn ein llys ni oedd yn fyw bellach. Tybed a oedd yr hen bryf wedi camddarllen Edward ac wedi rhoi gormod o ffrwyn i'w uchelgais? Gwyddwn ei fod yn un garw am ddibynnu ar ei argraff gyntaf ar berson. Ni chyfaddefai byth ei gam, a disgwyliai unplygrwydd mewn eraill, ac iddyn nhw gydnabod bod yr haul yn codi ac yn machlud ar Rhisiart Warwig. Tybed a sylweddolai, fel y gweddill ohonom, nad un a ymddangosai fel hapchwaraewr oedd Edward; ynghudd yn ei gyfansoddiad roedd grym haearnaidd, grym llawer amlycach nag a ddangosai ei dad.

Efallai i Edward sylwi ar allu eithriadol Warwig i lenwi ei goffrau ei hun dros y blynyddoedd. Bu'n llywydd ar ddim amgen na chriw o fôr-ladron tra oedd yn Calais. Flynyddoedd cyn hyn, pan nad oedd ond glaslanc, cofiwn ef yn fy herio i. Roedd ef, ei fam a dau o blant, wedi cael eu gadael gan eu tad a'u hewythr ar sgwâr marchnad Llwydlo tra llosgai eu cartref yn wenfflam. Am nad oedd Harri, oedd wrth f'ochr, wedi llithro i eithafion ei fyd llwyd, pell a'i fod yn mynnu'n hyglyw fod yn 'rhaid i'r wlad fod yn drugarog wrth fam a phlant diamddiffyn,' ni roddais daw arno am byth.

Bu priodas hefyd rhwng Isobel, merch Rhisiart Warwig,

a Clarens, y mwyaf atyniadol, prydweddol a hudolus o frodyr y brenin, ond un a wnâi unrhyw beth am sylw, boed gam neu gymwys. Pan glywais i'r briodas hon ddigwydd heb fendith y brenin gwyddwn fod yr heyrn dros eu pennau yn y tân. Dyma deyrnfradwriaeth noeth. Bellach roedd gan Warwig un o'i deulu ei hun a chystal hawl ar yr orsedd ag Edward. Sibrydid bod teulu-yng-nghyfraith Edward eisoes yn mynd yn rhemp ar y wlad a'u bysedd ym mhob brywes, tra bod gwŷr iselradd fel William Herbert yn cael penrhyddid. Fyddai Warwig na Clarens ddim yn dioddef hyn am hir. Tybed a oedd Warwig am wthio'r penwan hwn tua'r orsedd? Roedd ganddo o hyd ddigon o ddylanwad i godi asyn yn frenin, yn enwedig os oedd gwenwyn yn ei sbarduno.

Ond syndod am ben syndod — pan gyrhaeddodd ben ei dennyn, codi'r gogledd o blaid Harri a wnaeth. Wedi iddo garcharu Edward dros dro, dychmygais fod hwnnw i gael dos o'i ffisig ei hun, ond tân siafins fu'r gwrthdystiad. Cyn pen dim roedd Rhisiart Warwig yn cyrraedd Ffrainc â'i gynffon rhwng ei hafflau. Aeth fy ngobeithion yn sarn unwaith eto. Hyderwn y byddai Harri, yn ei ail garchariad, yn sylweddoli bod rhywun yn meddwl amdano o hyd. Y pryd hwnnw ni fedrwn ddychmygu sut roedd hi arno yno.

Croesawodd Lewis fy nghefnder Rhisiart â breichiau agored. Roedd ei deyrnas yntau yn gwegian ac fe fyddai ailennyn y rhyfel cartref yn Lloegr at ei ddant. O dro i dro, manteisiai pob brenhiniaeth sefydlog yn Lloegr ar wendid Ffrainc i ymosod arni ac ailagor hen friwiau.

Pâr o gadnoid cyfrwys tu hwnt oedd Lewis a Rhisiart Warwig a gwelent mor amlwg â'r dydd nad Clarens oedd eu dyn meseianaidd i godi'r Saeson. Gwell oedd iddyn nhw ennyn hen gweryl os oedden nhw am chwarae'r ffon ddwybig er eu lles eu hunain. Esgeuluswyd fy mab Edward a mi'n ddybryd, o fwriad, am bum mlynedd.

I ble'r aeth hawl ddwyfol frenhinol Edward, yr aer alltud? Cynyddai ei anniddigrwydd, ac yntau bellach yn laslanc pymtheg oed, diobaith. Pan ddaeth gwŷs o'r llys Ffrengig doedd gen i mo'r galon i'w hanwybyddu, er imi bendroni dipyn cyn ymateb iddi.

Roedd gweld enw Rhisiart Warwig arni yn codi f'amheuon yn goelcerth. Fyddai e byth bythoedd yn rhoi ei bwysau tu ôl i Harri. Doedd e ddim eisiau ailosod Harri ar yr orsedd. Roedd ganddo ryw chwilen yn ei ben.

Pan gyfarfûm ag ef bwriais fy nghynddaredd arno a'i enllibio i'r cymylau. Fel hyn y rhedai fy nadleuon: 'Y cnaf! Y gwalch diegwyddor! Dwyt ti ddim gwell na llofrudd cyffredin. Does gen ti ddim arlliw o gydwybod, yn fy ngwahodd i yma fel hyn. Waeth iti heb â llyfu'r llawr heddiw. Mae dy weithredoedd yn huotlach na d'eiriau, a dydi iti geisio carthu dy gydwybod yn menu dim arna i. Mi wna i'r hyn sy ora i mi a'm hachos. Rwyt ti wedi achosi digon o ddifrod i hwnnw i danio afon Tafwys. Os wyt ti'n meddwl dy fod ti'n ymdrin â gwraig nerfus, ofn ei chysgod, mi ro i di ar glwyd artaith. Nid seren wib ydi fy nicter i. Y postyn!'

Diffyg anadl yn unig a roddodd daw arnaf. Ar y canol fe suddodd i'w liniau gan ymbil arnaf, 'Gwranda arna i, gwranda, dw i wedi meddwl y cyfan i'r pen. Ma'n cynllunia ni'n dal dŵr.'

Sebonodd Lewis ychwaneg, 'Dw i wedi rhoi gorchymyn mewn grym. Nid chwara plant ydi cychwyn byddin solat dros y sianel yna, i fyw ar wlad sy wedi'i gwaedu'n wyn gan ryfeloedd. Ma' hi'n mynd i gostio'r lleuad inni. Dw i wedi deud eisoes fod cynnyrch cynhaeaf eleni i gael ei gynilo'n flawd a grawn. Ma' rhai o'r byddigions eisoes fel gwiwerod yn gorlenwi'u sguboria. Ma' Rhisiart yn barod i gardota bwyd i ga'l byddin gwerth chweil. Does ond isio crafu ceffyla eto. Er dy les di ma' hyn.'

'Fy lles i, myn brain i,' atebais fel clariwn, 'Dydw i ddim wedi anghofio be wnaed i Harri. Ei lusgo drwy'r baw. Gadael i bob riff-raff wneud hwyl am ei ben o, a rŵan, pan ma' hi'n eich siwtio chi, dach chi'n cofio am Edward a fi. Dim ond rŵan ers oes coga'r wyt ti, Rhisiart, yn codi'r cledd drosta i. Wel llynca fo!'

Adwaenwn Lewis o'm plentyndod. Doedd o ddim yn deilwng i ddatod careiau esgidiau ei dad. Rhyw greadur wyneb ffured ydoedd, yr hacraf yn Ewrop, â'i drwyn fel swigen, a'i lygaid yn sefyll allan fel pe baent ar ffyn, ond, er gwaethaf ei ddillad amrywiol, a fyddai'n fwy addas i leidr pen-ffordd, a'i dymer flin-flin, roedd ymhlith y craffaf o ddynion. Roedd yn llai dyn o'r hanner na Rhisiart Warwig, gyda'i gefn gwargrwm uwch coesau tenau fel priciau, oedd yn rhy wan i'w gynnal. Roedd rhaid iddo eistedd tra safai Warwig i arddangos ei urddas, yn union fel pe bai'n frenin. Ar yr wyneb ymddangosai ei wrthgiliad fel cyfle euraid wedi ugain mlynedd o ymdrech. Ysigai'r digwyddiad fy meddwl er mai diliau mêl i mi oedd ei weld yn ymgreinio wrth fy nhraed am gryn chwarter awr tra gwrandawn ar Lewis yn mwnglian a bytheirio. Crefai Warwig am faddeuant gan ymbil fel carcharor am gyfle i arddangos ei ffyddlondeb.

Ymhen hir a hwyr, gan ddewis fy ngeiriau'n fwriadol a gorhoian rhwng dau feddwl, dechreuais gytuno ag ambell awgrym. Doeddwn i ddim am chwibanu heb gi wrth y gorlan, ond roedd hi'n rheidrwydd arnaf osod llyffetheiriau ar Rhisiart Warwig, y Sioni-bob-ochor.

'Os,' meddwn, ac roedd hwnnw'n 'os' go fawr yn fy meddwl i, 'Os medri di, Rhisiart, gael y maen i'r wal, rhoi'r byd yn 'i le a chael Harri'n ôl ar 'i orsedd, mi fynna i law Anne mewn priodas ag Edward, fy mab. A thra byddi di yn gwneud siâp ar betha, mi fydd rhaid i Nan a'r genod fyw dan fy nghronglwyd, fel ag y ma' hi. Ma' rhaid i ti dy hun dyngu, mewn du a gwyn ac ar goedd, ffyddlondeb hyd anga i mi, Harri ac Edward. Does arna i ddim isio unrhyw gastia llwynog.'

Cytunodd yn ochelgar â'r amod priodasol, ond fe fu'n fwy hyblyg o dipyn ynglŷn â'r ail. Meddwasai gymaint ar ei uchelgais nes medru plygu buddiannau ei deulu fel pedolau poeth. Teithiasom yn osgordd cyn belled â phrif gadeirlan leol Anger i dyngu'r llw ar greiriau'r Wir Groes gan wneud y cyfan yn llygad y cyhoedd. O weld Edward yno'n dyst maentumiodd y coegyn, heb ymgynghori â mi, y câi groesi gyda'i lu, gan osod statws brenhinol arnynt. Fe gâi ei gipio er nad oedd eto'n ddwy ar bymtheg oed. Roedd bywyd drud f'unig, annwyl fab, tywysog Cymru, i'w drysori hyd nes bod yr orsedd yn sefydlog fel craig las.

VIII

Pump anfoddog ac anesmwyth iawn a rannodd yr un aelwyd ychydig wedi hynny. Ni chroesewais Nan, Isobel ac Anne â gronyn o ewyllys da. Pwyso a mesur Edward fel heliwr yn pwyso'i ysglyfaeth a wnâi Nan, tra ceisiwn innau osod fy llinyn mesur dros Anne Neville. Pan soniais wrthi am yr anrhydedd o fod yn frenhines Lloegr rhyw ddiwrnod trwy iddi briodi fy mab, dechreuodd feichio crio, a wnaeth ei mam ddim ond ei maldodi, heb ei hannog i ddangos blewyn o ddiddordeb yn Edward. Ceisiais ddal pen rheswm â hwy; wedi'r cyfan, roedd fy mab wedi cael ei fagu i edrych arno'i hun fel etifedd naturiol, er bod ei dad yng ngharchar, a'i alltudiaeth chwerw yn ymestyn ymlaen ac ymlaen. Rhoi ei phen yn ei phlu a chymryd arni ei bod yn swil a wnaeth Anne, tra swcrai Nan hi. Ond fe ddaeth newyddion da o Loegr i godi fy nghalon fel pe bai'n llawn o furum. Cyn diwedd Hydref roedd Harri'n ôl yn ei briod le ar yr orsedd.

Roedd y gyflafan a fu yn Edgecote yng Nghorffennaf un pedwar chwe naw yn anhygoel. Lladdwyd digon o uchelwyr Cymru i wanhau asgwrn cefn y wlad am flynyddoedd, gan beri i'r beirdd droi eu cefn ar Edward. Gwerthwyd ef mor rhad â chlwtyn hefyd gan lawer o farwniaid Lloegr. Aeth y colyn o genfigen a fagwyd o'i gwmpas gan William Herbert yn drech nag ef. Er i hwnnw gasglu pigion milwyr Cymru i'w ysgub, troes ei anghytundeb personol â Stafford yn agen o rwyg llawn o lafa poeth a'i hysodd. Yn ôl y sôn, er mawr syndod i bawb, bu i Edward orymestyn ei adnoddau gan ddirmygu gallu milwrol Warwig, er ei fod yn filwr i'r carn ei hun. Bu raid iddo sgrialu fel anifail i'r Iseldiroedd am nodded a chael a chael fu hi i'w briod gyda'i thair merch gyrraedd seintwar abaty Westminster cyn rhoi genedigaeth i'w mab cyntaf dan argoel o felltith. Eto, bu mor eofn â'i alw'n Edward, er nad oedd neb ond yr abad a'r prior yn dadau bedydd iddo. Da o beth gennyf fi fuasai iddo fod wedi cael ei eni o dan berth.

Teimlai Nan a mi fel troedio 'Dawns y Bowls' pan glywsom am ddienyddio William Herbert a'i frawd drannoeth y drin; Nan, am resymau personol, gan iddi ei led adnabod, a mi oherwydd ysfa i ddial sarhad Owain Tudur ar ei ganfed.

Gorfodai hyn briodas rhwng Anne a'm mab arnom yn Ffrainc, priodas wleidyddol llawn gwrthnysedd. Roedd hyd yn oed y tywydd yn cyd-fynd â'n hiselder ysbryd, diwrnod dwl, mwll a orffennodd mewn storm enbyd o fellt a tharanau; storm fu'n cnoi'r awyr am oriau, cyn mynd a gadael tawelwch a oedd yn feichiog o ansicrwydd, argoel wael i unrhyw briodas. O weld Anne, bymtheg oed, mor ddi-ddweud gofynnais i Nan a oedd hi wedi ymserchu yn rhywun arall. Ysgwyd ei phen fel buddai a phlycio corneli ei cheg fel pe bai am wylo a wnaeth y fam. Bu bron i mi ei ffustio; roedd awyrgylch y briodas yn ddigon i godi'r felan ar sant heb iddi hi arllwys ei chwd.

Oherwydd yr amodau anodd, tynnais fy mab o'r neilltu a'i rybuddio i beidio â chydorwedd â'i wraig anfoddog.

Melltennodd ei lygaid, ond â chefn fy llaw atgoffais ef mai fi oedd y feistres. Deallai gystal â mi mai priodas wleidyddol ydoedd; heb ei chyflawni roedd rhyw lun o obaith y gellid, maes o law, ei diddymu, waeth iddo heb â monni'n gorn. Priodasau gwleidyddol oedd y drefn arferol yn y llys ond roedd hon mor chwerw â finegr wedi llwydo.

Ychydig ddyddiau cyn y briodas bu acw ddigwyddiad peryglus. Wrth imi fynd yn garbwl i'm hystafell, gollyngais fy mag llaw nes oedd ei gynnwys ar wasgar fel madarch ar lawr. Doedd ynddo fawr ddim oedd o werth gan mai tlotyn fu fy ngŵr erioed, ond ymysg f'eiddo mwyaf personol roedd bathodyn bychan gloyw â thebygrwydd o ddug Somerset wedi ei ysgythru arno. Gan mai Nan a'i cododd sylwodd arno a throes ei phen ar drawiad i edrych ar fy mab. A sylwodd hi ar y tebygrwydd? I mi roedd mor amlwg â llygad mewn pen. Ddywedodd hi'r un gair ond rhedodd ias i lawr fy nghefn a chododd croen gŵydd yn blorynnod drosof. Brysiais i'm hystafell heb ddweud diolch a chwympais fel cadach gwlyb yn foddfa o chwys ar fy ngwely gan orweddian yno nes oeddwn yn oer o arswyd. Sylweddolwn fod angen cyfrwystra cath i fyw hefo hi. Roeddem gydol yr amser yn osgoi atgasedd agored, yn ymatal rywsut rhag croesdynnu ac yn rhwyfo trwy islif o deimladau pigog oedd byth a hefyd yn codi fel nodwyddau i drywanu rhywun yn annisgwyl yn ei gefn. O, am bylu blaen pob tafod.

Ymfudasai Siasbar yn gyfan gwbl i Gymru bellach a dibynnwn yn hollol ar Nan Warwig am bob newydd am Harri. Aeth Rhisiart Warwig ei hun i'w nôl i'r Tŵr a chanfod Harri ar ei liniau fel arfer. Roedd wedi trawsnewid cell ei garchar yn gell mynach, â'i ganhwyllau, ei sagrafen ar allor, a'i laswyr mewn lle amlwg. Derbyniai gyfyngderau ei garchariad fel rheolau mynachaeth, gan ychwanegu atyn nhw ar brydiau. Po bellaf ydoedd oddi wrth ddynion, agosaf y teimlai at ei Dduw a gobeithiwn mai felly yr oedd hapusaf, ymhell o ddwndwr y byd. Pan ddaeth Rhisiart ag ef wyneb yn wyneb ymddangosai'n hanner byw, fel pe bai ei awr olaf wedi cyrraedd. Derbyniodd goron ei wlad fel coron ddrain ac ochneidiodd yn dorcalonnus fel pe bai'n Atlas â holl bwysau'r byd yn cael eu hailosod ar ei ysgwyddau. Tra oedd y barbwr yn torri ei wallt ac yntau'n cael ei wisgo mewn sgarlad brenhinol, dillad oedd yn hongian oddi ar ei ysgwyddau fel dilledyn ar hoel, atseiniai muriau'r Tŵr: 'Hir oes i Harri, Harri'r sant,' o un pen i'r llall. Fel oedd yn weddus, cafodd farchogaeth yn urddasol trwy'r strydoedd y llusgwyd ef yn ei warth ar hyd-ddynt chwe blynedd ynghynt. Bloeddio eu cymeradwyaeth i'r entrychion a wnâi'r dorf a gâi ei chyflyru gan bob newydd. Gorfodwyd arno hefyd wasanaeth cyhoeddus hirwyntog yn eglwys Sant Paul cyn cael unwaith eto, wedi absenoldeb o ddeng mlynedd, ailgartrefu yn Westminster. Oherwydd ei garchariad maith gwegiai ei wddf main dan bwysau'r goron drom, nes yr amlygid i bawb a'i hamgylchynai gymaint amgenach darpariaeth ysbrydol a gawsai yn y Tŵr o'i gymharu â'r gofal y dylasid bod wedi ei gymryd o'i berson brenhinol. Nid oedd wedi ei ddilladu'n gymwys i'w safle, ac ar ben hynny roedd ei lendid corfforol wedi cael ei esgeuluso gymaint nes ychwanegu at ei wendid. Bron nad oedd yn rhaid i Warwig, oedd yn cludo godreon ei wisg, ac Oxford, oedd yn cario'r cleddyf mawr gwladol, ei lusgo gerfydd ei ysgwyddau dan ei goron wrth i'r osgordd ymlwybro'n araf yn ôl at y meirch. Y cyfan y medrai Harri ei wneud dan ei bwysau ei hun oedd llusgo un droed heibio i'r llall. Aethai'n henwr cyn pryd. Pan oedd yn hollol lonydd edrychai fel pe bai'n fodel i ddelw garreg ohono'i hun, delw a fyddai, yn llawnder yr amser, yn cael ei gosod uwch ei fedd. Gyda'i fysedd cwyredig, main fel pe baen nhw wedi eu hoelio ar ei frest gul, ei drwyn meinach, oedd byth a hefyd yn diferu, a chaeadau tryloyw y llygaid a fynnai gau er ei waethaf, doedd dim amheuaeth nad oedd cysgod y bedd ar ei ysgwyddau yn amlach na'i wallt.

Un o'r rhai cyntaf o lawer i fynnu cyfweliad ag ef oedd Siasbar, a gredai o hyd ei fod yn dal y rhan fwyaf o Gymru ar gledr ei law ar ran y rhosyn coch. Teithiai'n feunyddiol drwyddi draw, gyda Harri, ei nai pedair ar ddeg oed, ar warthol ei geffyl. Aeth i'w ganlyn i'r llys a mynnodd iddo gyfweliad â'r brenin. Gan mai un cyhoeddus a gafodd, doedd Rhisiart Warwig ddim yn brin o'i gofnodi mewn llythyr at Nan. Roedd honno yn methu â gwneud na phen na chynffon ohono, â'r brenin yn y fath bicil gwleidyddol. Nid apeliodd at wlatgarwch y bachgen ond ei annog i weddïo, 'ar Dduw, nid yn unig pan orchmynnir iti ond bob amser. Paid â malio dim am nac urddas na statws, nac am gyfoeth bydol; ond os oes unrhyw beth yn tramgwyddo Duw, bydd gofyn iti falio a gofidio drosto gan mai Ef a'n creodd. Gŵyr yn dda felly sut i'n tywys yn ôl ei ewyllys. Fe dderbyn weddïau ei weision diymhongar ac fe wna yn ôl ei ewyllys ei hun â hwy mewn trugaredd a gwirionedd. Gweddïa drosof finnau sydd fwy o angen dy weddïau nag unrhyw ddyn.'

Dyna gyngor nodweddiadol o Harri, hyd yn oed i

fachgen â'i fryd, mi dybiwn, ar fod yn farchog; o leia, roedd yn canlyn un o filwyr dewraf y wlad. Dylasai Siasbar fod wedi disgwyl y derbyniad a gafodd; nid oedd ond eisiau dangos i'r byd a'r betws na leihaodd ei deyrngarwch i Harri drwch blewyn er iddo ffoli cymaint ar ei nai. Ei holi ef ynghylch fy hynt a'm helynt i a'm mab a wnaeth Harri a gyrru ei gofion atom heb ymestyn ei ddiddordeb gam ymhellach. Tybed a fu yn gweddïo drosom? Ni wnaeth fwy na hynny.

Disgwylid inni groesi i Loegr unwaith y digwyddodd y briodas, ond oedais. Gwelwn fod Nan yn hiraethu llawer ar ôl ei gŵr ac aethai chwe blynedd heibio er i mi weld f'un i. Dros dro cymerais y tywydd mawr gaeafol yn esgus; gwyddai pawb mai llongwr tir sych fûm i erioed, felly ni threfnwyd i hwylio tan fis Mawrth, ac aeth yn fis Ebrill arnom yn cyrraedd yn y diwedd. Teimlwn fod fy mab annwyl yn ddiogelach yn Ffrainc nag yng nghanol y cythrwfl ansicr a oedd ar gerdded yn Lloegr. Gydol y gaeaf bu mân ysgarmesoedd yn torri allan fel brech, ac rown i'n ansicr a flagurai'r gwanwyn gaeafol hwnnw yn haf trwm ar Harri ac Edward. Oherwydd byrbwylltra ei ieuenctid ofnwn i'm plentyn gwyn, y tywysog, ei gael ei hun ar groglath. Meddyliais unwaith y dylaswn ei adael ef a'i briod yn Ffrainc. Er bod ei dad ar yr orsedd roedd yn wrthrych digon amlwg i gael ei herwgipio.

Croesi a wnaeth y pump ohonom yn y diwedd, gwaetha'r modd. Hwyliodd Isobel a'r pâr ieuanc gyda mi gan adael i Nan fynd ar ei phen ei hun. Fy nhynged unwaith eto oedd wynebu ar storm wrth groesi. Roeddwn yn swp sâl o'r herwydd, yn wyrdd fel glaswellt. Medrwch droi llygaid dall ar storm ar y môr, ond mae'n amhosibl troi clust fyddar a chalon galed arni. Gellir clywed cri gwyllt y gwynt rhwng y mastiau, yn sŵn dolefus, iasol, yn atseinio fel unigrwydd angau neu'n udo'n arallfydol. Clywir, yn guriad cyson, fel gordd-drawiad ffrwydrol, gwastad, gwymp bwa'r llong i bydewau'r tonnau serth sy'n brasgamu'n ddig dan lach gwynt a aned yn y gogledd oer. Teimlir y bwa'n codi eto oddi ar wyneb y dŵr cyn syrthio'n glewt i'r dyfnder. Un funud rydym yn gogwyddo i'r dde cyn trybowndian fel peli i'r chwith i gyd-fynd â dringfa'r gelltydd tonnog. Ychwanegu at ein anghysur a wnâi chwalfa rhesi catrodol y tonnau wrth iddyn nhw'n raddol a phendant greu o gwmpas y llong gymaint o fôr berw cythryblus, nes ei bod yn gogor-droi yn ei hunfan.

Ymwahanodd y llongau o raid a phan laniais yn ddiymadferth fel deilen hanner crin yn Weymouth, gan ddisgwyl croeso brenhinol, fe'm taflwyd i ganol cyflafan newydd. Roedd Edward wedi ennill y blaen arnaf, er nad oedd y wlad drwyddi draw am syrthio wrth ei draed.

Ei hennill â chyfrwystra a wnaeth trwy ddilyn hen honiad Harri Bollingbroke nad oedd am wneud mwy na hawlio'i haeddiant, sef dugiaeth Iorc. Cyhoeddwyd ei hawl i honno yn enw Harri VI a bu hynny'n ddigon i'w gyfiawnhau yng Nghaer Efrog, prifddinas y gogledd nes peri iddyn nhw'i groesawu â breichiau agored. Mentrodd ei fywyd i'r eithaf trwy fynd tuag ati â dyrnaid yn unig o'i warchodlu agos, tra oedd ei lu mwy yn cwato y tu allan i'w muriau. Fel peunod cyn cawod, arddangosai ef a'r gwarchodlu fathodynnau plu estrys tywysog Cymru a chlodforent Harri i'r entrychion, gan daflu parddu dudew i lygaid y werin hygoelus oedd hyd hynny yn argyhoeddedig mai'r llinach Lancastraidd oedd y llinach frenhinol gyfiawn. Unwaith y cyrhaeddodd y tortyn y canolbarth gwastad cyhoeddodd ei hun yn frenin Lloegr gan herio Warwig, ac ym mrwydr Barnet y diwrnod y cyrhaeddais, collodd hwnnw ei fywyd.

Carcharwyd Harri unwaith eto pan gyrhaeddodd Edward Lundain. Meddylier am Harri, yn ŵr hanner cant, yn ei benwynni, bron yn methu â sefyll ar ei draed, yn cynnig ei anwesu, yn ei alw'n gefnder, ac yn gosod ei fywyd yn ei ddwylo â phob ymddiriedaeth. Clywid ef yn dweud yn weddol hyglyw, 'Gwn y bydd fy mywyd yn ddiogel yn dy ddwylo di.' Dros dro, yr oedd. Ysgydwodd Edward law yn ffurfiol ag ef, ond osgôdd ei anwes gan fwmial maldod. Yna, cyn i neb gael ei wynt ato, serch y llesgedd mawr a'r gwendid amlwg, gorchmynnodd ei roi dan glo yn y Tŵr yng nghwmni ei esgobion.

Clarens yn troi ei gôt ac yn ymwthio i fynwes ei frawd a wnaeth i'm byd syrthio'n ddarnau yn Barnet, ond roedd rhwyg cyn lleted â golau dydd wedi digwydd yng Nghymru a theulu mawr, dylanwadol yr Hebertiaid wedi peri codi arfau yn erbyn Siasbar, a oedd bob amser wedi dibynnu cymaint ar unplygrwydd trwch ei genedl. Ar y lanfa ni wyddwn beth i'w wneud, prun ai troi'n ôl ar fy union i Ffrainc neu geisio dal fy nhir yn Lloegr. Roedd y ddwy eneth yn cintach yn uwch na sŵn y storm a oedd eto heb dreio, ac yn rhedeg o gwmpas fel dwy iâr yn chwilio am eu mam ar ôl clywed am farw eu tad. Doeddwn i ddim, bid sicr, am dorri fy nghalon ar ôl Rhisiart Warwig. Nid oedd ond un o nifer a roes eu bywydau i lawr yn yr ymdrech fawr. Mae'n debyg y byddai cawr o ddyn fel ef yn gorwedd ar faes cad mor ddiurddas ag unrhyw filwr cyffredin. Mewn llawer teulu roedd y drydedd genhedlaeth erbyn hyn dan arfau, ar y naill ochr neu'r llall, ac yn barod i newid ochr yn ôl pob mympwy fel hoedennod. Ar hyn o bryd cefnogwyr Rhisiart Warwig oedd fy nynion i a bytheiaid Clarens oedd fy ngwrthwynebwyr. Yfory, pwy a wyddai? Llechgwn oeddynt i gyd.

O'r diwedd fe'm perswadiwyd i gychwyn am Fryste gan obeithio crynhoi cefnogaeth ar y daith; taith wanwynol arall ond bod ei blodau gwynion y tro yma'n blorod ar ferbwll f'ofnau. Wrth inni fynd clywsom i Nan lanio yn Southampton, ac aeth wylofain y genethod yn fwrn arnom. Bob tro y gwelent fi ymbilient yn daerach am gael mynd i ymuno â'u mam. Gennyf fi roedd y llaw uchaf, a buan y rhoddais ar ddeall i Anne bod ei lle hi wrth ochr tywysog Cymru, fel ei wraig. Gobeithiwn ddefnyddio Isobel yn bridwerth dros rhyddhau Harri. Ein prif amcan y pryd hwnnw oedd teithio'n ddigon gochelgar i Gaerloyw a chyfarfod â hynny o fyddin y medrai Siasbar ei chynnull yng Nghymru yng ngwrthgefn Edward. Siomiant chwerw oedd cyrraedd yno a chael y dref a'i phyrth ynghau yn ein herbyn. Gorfodwyd ni i ymlusgo'n flinedig a diymgeledd i Tewkesbury at y rhyd nesaf, gan obeithio yn erbyn gobaith fod ein hychydig gyfeillion o Gymru wedi medru croesi yno. Dibynnwn yn fwy nag erioed ar hudlath Siasbar. Gwyddwn y caseid Rhisiart Warwig â chas perffaith gan lawer ohonynt. Onid hwy a'i llysenwasant yn arth? Tybed a oedd f'enw i yn felysach yn eu clustiau?

Rhyngom a'r Cymru yn Tewkesbury roedd afon Hafren a rhwng yr afon a ni roedd lluoedd grymusach Edward; felly rhwng fy myddin fain i a'i lu parod ef y bu'r gwrthdrawiad a phrin y medraf gofnodi'r hyn a ddigwyddodd.

Bu raid i ni droi ein cefnau ar y giwed am eiliad mewn gwlad lle nad oedd fawr o gysgod, y gwrychoedd yn isel a'r ffosydd yn fas, fel ei bod cyn hawsed â thisian i fyddin barod ymosod a manteisio ar ein diffyg cysgod. Unwaith y cawsant y llaw uchaf arnom doedd dim trugaredd; trechaf treisied oedd piau hi. Cwympodd fy nglewion fel dail yr hydref, eu broch yn wag, y ddaear yn goch a llewyrch eurddrych eu cleddyfau yn pylu yn y llaid. Unwaith y teneuwyd trwch y llu, fel eira ar lan y môr, chwalwyd ein pebyll a'n baneri, tawelodd ein hutgyrn a syrthiodd segurdod fel iâ ar bob picell. Cyn i'r milwyr orffen ebychu roedd y cerlynnod creulon yn eu diberfeddu.

IX

Er y glaniad roedd Edward fy mab, â hyder dall yr ieuanc dibrofiad, wedi bod yn fy mhen fel drywinan, gan gymaint ei awch i brofi ei fetel. Pwysodd arnaf yn Weymouth am droi tua Llundain, ond yr hen a ŵyr a'r ieuanc a dybia medd yr hen air, a chymerais gyngor ei ddoethach, mi gredwn. Methai amgyffred mai niwl y bore yw brwdfrydedd gwerin gan i'w thrwst ar brydiau ymddangos fel pe bai'n ddigon grymus i gario'r dydd. Ceisiem ymresymu ag ef ar y daith. Edrychai'n gymaint o dywysog ag unrhyw un o farchogion y Ford Gron. Ar ei fron, mor amlwg â chastell ar dwyn, roedd bathodyn Sant Siôr, ynghyd â'r bluen estrys a ddynodai mai ef oedd tywysog Cymru. Gwisgai'r clogyn cwta piwsgoch â'r ymyl o ermin gwyn na chaniateid i neb o isel radd ei efelychu. Defnyddiai bob amser y clasbyn o alarch arian fu'n arwyddlun ei daid. Dim ond y dall a fyddai'n methu ei adnabod.

Cyn cyrraedd Tewkesbury roeddwn wedi siarsio mab ieuengaf fy hen ffrind, dug Somerset, i gadw llygad barcud arno, gan ddweud wrtho mai wrth f'ymyl i a'i wraig oedd ei le nes gweld sut y codai'r pysgod. Gobeithiwn y deuai Siasbar o rywle i ddal pen rheswm hefo fo. Nid oedd fel pe bai'n sylweddoli mai ef oedd y rhychor, ar ben cadwyn ein bod, â'i dad yng ngharchar. Pan welodd enbydrwydd ein sefyllfa yn Tewkesbury rhaid bod y ddau wedi sleifio o'r gwersyll fel llyswennod, heb ddweud gair wrth neb. Antur fawr eu bywyd, debygent, oedd y frwydr olaf honno.

Cafwyd y dug wedi ei drywanu ar y maes, a'm bachgen wedi diflannu. Erbyn trannoeth roedd yn garcharor amhrisiadwy, a minnau bron yn orffwyll. Gwyddwn y câi ef o bawb ei gam-drin. Doedd dim i'w wneud ond aros, a hir yw pob aros. Arhoswn yn f'unfan, heb gysgu, na bwyta, siarad nac wylo, wedi fy fferu fel cerflun, a threiglodd amser yn chwerw cyn imi glywed iddo farw o'i gamdriniaeth a chael ei gladdu rywsut-rywsut dan gôr abaty lleol. Fel yr ofnwn, llusgwyd ef i ŵydd y ffug-frenin a oedd, yn ôl pob disgwyl, yn barod am lanc o'r un toriad â Harri. Yng nghanol ei elynion dangosodd fy mab ei ruddin. Pan ofynnwyd iddo pam y mynnai godi arfau yn erbyn y gyfundrefn honno, atebodd heb wamalu dim, 'Er mwyn dial cam fy nhad ac adennill f'etifeddiaeth.' Am ei ryfyg derbyniodd glewtan â dwrn arfog Edward y dyn carreg, nes oedd yn ymbalfalu ar ei dorr ar y llawr. Y glewtan fu'n arwydd, er eu mawr gywilydd iddyn nhw, i'r arglwyddi trahaus eraill, â Clarens yn bennaf, ddilyn esiampl y brenin. Gwnaethant a fynnent ag ef, heb arddangos arlliw o drugaredd, er nad oedd ond dwy ar bymtheg oed. Llym ac egr fu'r artaith, ond bu farw heb ollwng cri, heb i'w harddwch ieuanc, ei gorff heini, ei wallt a'i lygaid brown, disglair a befriai o frwdfrydedd, rhai llawn diniweidrwydd, atal eu diefligrwydd sadistaidd. Aeth yn ysglyfaeth i helgwn y fall. Gwarth a braw mud fu'n amdo iddo, dan domen o rwbel a llaid. Mae'n bur annhebyg i unrhyw law garbwl lunio croes iddo, gan resynu nad melys oedd i blentyn farw dros ei wlad. Yr oen gwirion, irdwf. Gwyddwn yn ddiysgog mai at Dduw yr ehedodd ei ysbryd gwiw, yn rhydd o'r malais gwallgof. Gobeithiwn yn erbyn gobaith na fyddai byth gadach yn ddigon cras i sychu ei enw oddi ar lech hanes.

Gorfododd ei weddw Anne fi i esgyn i drol rhyw werinwr, brawd cymwynasgar, efallai, i'm noddwr yn Hexham, oes bell yn ôl. Wedi iddo fy nghuddio o dan weiriach roedd hi'n hawdd fy nghludo. Ar brydiau, wylwn fel Niobe, a'm dagrau yn araith o anobaith. Dro arall, llithrwn, bron fel Harri, i ogof o bryderon heb ei grefydd ef i'w throi'n dwnnel a arweiniai at oleuni. Manteisiodd Isobel ar fy mhrofedigaeth i lithro fel bwbach i ymuno â'i gŵr, y genawes fach. Ond doedd waeth gennyf am na neb na dim. Aethai gwreichionen bywyd allan ohonof gan adael dim ond lludw oer, oer. Pan ddarganfu milwyr Edward fy ngwâl, fe'u canlynais heb godi fy llais, fy mhen, na'm llaw. Roedd fy ngobeithion wedi cael eu dinistrio mor aml nes eu bod fel creigiau'n diferu dan lach y llanw. Rhoddaswn fy holl ffydd mewn dynion nad oeddynt ond cysgodion. Cynigiasant imi heddwch a threfn na fu a syllais innau'n ofer i fyw eu llygaid, heb weld eu calonnau llwgr.

Yng nghwt gosgordd Edward y teithiais i Lundain yn y diwedd, gan dderbyn pob sarhad oedd yn bosibl. Roedd gefynnau am fy ngarddyrnau, a bwriai'r milwyr a'r werin eu llid arnaf yn ddiwahân, heb i neb godi ei lais o'm plaid. Diflannodd pob rhosyn coch fel pe bai rhew trwm wedi eu crebachu dros nos. Cronnodd fy nhristwch yn alarnad rymus a godai wallt pen, ac erlidiai hiraeth fi nes ei fod yn llond fy hafflau, tra rhythai unigrwydd â'i gwlwm o atgofion yn frawychus o ddistaw gan loetran o'm cwmpas fel awel yn llawn o wae. Llesgaodd y gobaith gwannaf yng nghwmwl y gwladgarwch dialgar, dall gan ddicter, oedd yn hofran ar ysgwyddau fy nghyd-deithwyr fel pladur uwch maes gwair. Cludent fwâu o wawd, ynghyd ag ysgubau trwm o saethau cenfigen. Roedden nhw'n mwtro fy mhen â'u clegar fel na fedrwn lyncu fy myfyrdodau oedd yn fratiau trymion ar fy nghalon fel y teithiem y milltiroedd ffyrnig ar y ffyrdd myrllyd, cras. Erbyn inni gyrraedd Llundain aethai bygythiadau'r bobl yn beryglus; dioddefwn don ar ôl ton o grechwen ffiaidd, cawod ar ôl cawod o laid, carreg ar ôl carreg o gleisiau a mwy nag un pastynaid egr yn f'ystlysau. Mor chwit-chwat yw dynion. Ceisiais ddal fy mhen brenhinol goruwch eu bryntni; cofiwn mai Harri bellach oedd unig gynhaliwr ei linach, heblaw am y bachgen hwnnw yng Nghymru, nai Siasbar.

Fel y dringwn o gam poenus i gam poenus a chan gymryd ambell gam gwag yn fy ngwendid, i'r Tŵr, meddyliwn yn anorfod am Harri. Roedd gymaint yn llygaid fy meddwl nes imi sgrechian ei enw i ddiasbedain fel taran o amgylch y gwalciau. Wedi marw'r atsain clywn grechwen llais Clarens, â rhyw griw oedd yn prowlan yn y cysgodion yn ofni dangos eu hwynebau. Meddyliwn y noson honno fy mod yng ngwaelod isaf pwll uffern, ond roedd trannoeth heb wawrio eto. Un cysur oedd imi, sef bod Harri a minnau o dan yr un to. O, am deimlo ei law ar fy ngrudd.

Trannoeth roeddwn yn weddw hefyd a hynny o obaith yn babwyren fyglyd. Pwy a gredai y byddai Harri, ar yr union noson ag y clywodd am gyflafan Tewkesbury, ac am ladd ei fab, ac efallai am sarhad ei wraig, yn cael trawiad o'r parlys? Dyna beth a ddywedwyd wrthyf, o leiaf. Hyd y dydd hwn ni wn y gwir, ond gwn nad fi oedd yr unig un a glybu lef amheuon, am y marw tywyll, tawel oedd mor gyfleus. Ond fi a welodd Clarens a'r giwed yn llercian

yn y tywyllwch â'u hosgo yn llawn o berwyl drwg. Teimlais
eu crechwen yn troi fel llafn yn fy nghalon ac yn treiglo
i'm gwythiennau fel plwm tawdd. Fe fuont rhy agos ataf,
ac at y Tŵr, y noson dyngedfennol honno. Hyd fy medd
honnaf fod marwolaeth Harri y noson honno, o bob noson,
yn fwy na chyd-ddigwyddiad, er fy mod yn gwybod mwy
na neb am ei salwch. Doedd yr un o'r ddau y godinebais
drostynt, y tywelltais waed a chariad arnynt, yn fyw.

Beth tybed oedd meddyliau olaf Harri? Mae hen gred
fod Duw yn rhoi gwedd ei anwylyd i'r etholedig rai yn
eu munudau olaf. A welodd ef fi, ei lygad y dydd
gwywedig, yr un a geisiodd ddwyn iddo hapusrwydd, ond
a'i cyflwynodd i ferthyrdod?

Heb arlliw o rwysg, ar y dydd Iau Dyrchafael canlynol
cludwyd ei gorff i eglwys Sant Paul. Yr un pryd ymwelodd
y ffug-frenin â mi yn fy nghell. Treuliodd funudau cyn
torri gair â mi. Roedd y naill a'r llall ohonom yn pwyso
a mesur ein gilydd, gan geisio teimlo ein ffordd at
gyfathrach, er mai ganddo ef oedd y llaw uchaf. Ni fedrwn
i wreichioni digon i dorri dim o'i ddaear nac i dynnu gwynt
o'i bledren. Yn hytrach, wrth iddo ddangos cwrteisi syber,
gofynnais yn betrusgar am weld corff fy ngŵr. Caniatawyd
hynny, ac ymunais â'r cannoedd eraill a lusgai yn un sarff
hir ar hyd corff yr eglwys. Ymddangosai'r Harri marw'n
llawer mwy poblogaidd na'r Harri byw.

Oedais gan syllu ar yr wyneb. Roeddwn yn edrych ar
fy ngŵr am y tro olaf yng nghanol tyrfa. Dan ei drwyn
roedd ôl gwaedlif, a chlais gymaint a'm dwrn ar ei arlais.
Tynnai hwnnw sylw rhai llawer mwy di-feind ohono na
fi ac ni fedrwn beidio â chlywed eu mân siarad, oedd yn
hollol rydd, gan nad adwaenent fi yn fy nillad galar.

Doeddwn i'n neb iddyn nhw. Amheuai llawer ohonyn nhw iddo farw o anhapusrwydd a digalondid, fel y cyhoeddwyd; y gŵr a gablwyd ac a sgorniwyd fel Iesu cyn 'Diweddu heb farn deuddeg'.

Pan ddychwelais, gan fy mod yn od o gysetlyd, ac wedi troedio i fyny ac i lawr fy nghell am oriau benbwygilydd, gofynnais am gyfweliad arall ag Edward, er nad oeddwn yn disgwyl cael un, ond cefais fy siomi ar yr ochr orau. Ni wn a oedd arno f'ofn, ond roedd dannedd y 'fleiddes' wedi cael eu torri i'w gwraidd erbyn hyn, ac yntau'n tosturio efallai wrth fy nghyflwr truenus; roedd merched yn gyffredinol yn apelio ato ac yn debygol o ddylanwadu arno. Beth bynnag, fe ddaeth cyn pen dim.

Roedd sôn am yr olion gwaedlyd a'r clais ar flaen fy nhafod ond, 'Mae golwg druenus arno,' dywedais gan obeithio y medrai liniaru'r amheuon oedd yn fy mhlagio. Ond roedd mor dawedog â phost y gwely.

'Ble dach chi'n mynd â fo nesa? Dach chi'n mynd i'w luchio rhwng y cŵn a'r brain?'

Ni chefais ateb, a chododd hynny fy limpyn braidd. Euthum yn larts, a mynegi'n frenhinol awdurdodol, er nad oedd gennyf bellach fwy o hawl na chwilen i wneud hynny, 'Cofia, mae o'n haeddu claddedigaeth barchus. Wedi'r cwbwl, mi fuo'n frenin Lloegr a Ffrainc am flynyddoedd. Ma' gynno fo'i le mewn hanes fel pob brenin arall.'

Gwelwn ei fod mewn cyfyng-gyngor a chiliodd heb f'ateb. Os oedd am ymgynghori â'i senedd, gwyddwn ei bod ar ben arnaf. Eto, troes f'anobaith yn gyflawniad. Aed â Harri o eglwys Sant Paul yn barchus ddigon ac mewn tawelwch llethol fe'i cludwyd ar hyd yr afon mewn cwch wedi ei dywyllu i abaty Chertsey. Yno eneiniwyd y corff bregus ac amgylchynwyd ei arch gan filwyr o warchodlu Calais.

Ysgafnhaodd hyn beth ar fy mhruddglwyf, yn enwedig pan symudwyd fi ychydig ddyddiau'n ddiweddarach i'r union ystafelloedd y carcharwyd ef ynddyn nhw. Nid oeddwn bellach na gwraig na brenhines, nac yn fam i aer. Ni ddôi llafn o haul byth eto i fywiocáu'r petalau gwynion nac i beintio fy nghalon felen. Medrent wneud a fynnent â fi. Pydrwn, llwydwn o ddydd i ddydd. Pam na ddiwreiddient hen lygad y dydd?

Yn rhythu arnaf oddi ar y mur mewn ysgythriad lled ddiweddar roedd y geiriau, 'Nid yw brenhiniaeth ond gofal'. Treuliais oriau ar oriau yn eu darllen a'u hailddarllen gan adael i bob llythyren ei hysgythru ei hun ar fy meddwl. Tyfasant i fod fel tudalen o'r Beibl imi, er na anwyd ohonynt feddyliau o hedd ac na flodeuodd ohonyn nhw flaguryn o dawelwch lleianaidd. Roedd fy meddyliau yn rhwym wrth y gorffennol, gorffennol nad oedd cymodi ag ef. Plygai fy mhen yn nes ac yn nes at y ddaear. I flodeuo roedd yn rhaid imi wrth amlygrwydd. Fy hawl a'm hetifeddiaeth oedd hynny. 'Ni oleuant gannwyll a'i dodi dan lestr.'

X

Un peth y ceir digonedd ohono mewn carchar yw amser i feddwl, ond doedd edrych yn ôl ac ymlaen ar fy mywyd i yn rhoi dim cysur imi. Gwacter a lyffantai o'm blaen, gan na ddisgwyliwn weld dim ond y pedair wal a'm hamgylchynai weddill f'oes. Torrid ar undonedd eu gwedd gan lygod mawr a lithrai'n llygadrwth ar hyd llysnafedd y llawr. Pan âi eu newyn yn finiocach gwyddwn nad oedent cyn ei ddiwallu arnaf. Aent yn fwy hy o wythnos i wythnos a bron nad edrychwn arnyn nhw fel adwy i ryddid, pa mor boenus bynnag fyddai. Pan glywais gan y lleisiau cudd hynny sy'n treiddio'n ddirgel trwy furiau trwchus pob cell fod brawd Rhisiart Warwig wedi cael ei ryddhau, nid oedd ynof ddigon o ffrwt i genfigennu ato, nac i obeithio yn ei sgil. Doedd gennyf ddim i fyw er ei fwyn. Suddwn yn is ac yn is i ferddwr drewllyd heb allu hyd yn oed i bryderu. Aeth fy nillad mor ddrewllyd â chroen ffwlbart, a chrogent yn garpiog ar f'ysgwyddau, fel lluman a anghofiwyd ar bolyn.

Rhaid fy mod yn edrych fel dynes gasglu cadachau pan ddaeth y brenin i ymweld â mi eto. Os rhywbeth, roedd yn edrych yn fwy prydweddol nag erioed, ei ddillad yn lliwgar a chymen, ac mor drwsiadus â chath oedd newydd ymolchi. Safai ben ac ysgwyddau uwchben fy ngwarchodwyr, yn glamp o ddyn chwe throedfedd a mwy.

Roedd hefyd yn llydan a chymesur. Er ei lygaid synhwyrus a'i hynawsedd, gwelwn ynddo benderfyniad fel callestr a oedd ynghudd mewn pridd. Nid ar chwarae bach y cafodd yr enw o fod yn ddoeth ei farn, yn gyfiawn a thrugarog mewn heddwch, yn wrol heb fod yn or-hyderus fel ei dad, ac eto'n ymfalchïo yn ei ffawd. Doedd e ddim yn un i gael ei lesteirio gan adfyd. Ni allesid cael personoliaeth fwy gwahanol i Harri, y duwiol a'r gostyngedig o galon. Ei unig wendid oedd ei or-hoffter o ferched. Tra amgylchynid Harri'r sant â gwŷr eglwysig, roedd i Edward amryw o ferched yn gywely iddo. Eto ni leihâi hyn ei boblogrwydd.

Yn ddi-os, y pryd hwnnw, edrychai ymlaen yn hyderus at flynyddoedd o lywodraethu, a gweld ei fab ieuanc yn dod i'w oed, wedi iddo ef fedru tawelu'r stormydd, a sefydlu ei linach ar yr orsedd. Enillodd hi trwy ei ymdrechion ei hun yn y diwedd, yn fuddugol ar faes cad, oherwydd ei allu milwrol amlwg, a gobeithiai, mae'n debyg, y câi rwydd hynt o hynny ymlaen i lywodraethu heb ffrwgwd pan fedrai'r wlad dalu ei ffordd unwaith eto.

Dechreuodd siarad yn ddibetrus trwy holi am fy iechyd. Nid atebais ef ond trwy godi f'ysgwyddau. Oni welai lwydni'r Tŵr yn cropian fel angau i'm gwedd? Roedd hi'n amhosibl iddo ddychmygu'r gwynegon a oedd yn efynnau cudd am fy holl gorff. Cyn imi ddweud dim, trosglwyddodd beth o eiddo personol Harri i mi, nes gorfodi ychydig eiriau o'm genau, rhai a oedd yn dieithrio gan mor anaml y defnyddiwn hwy. 'Beth wyddost ti am farwolaeth Harri?' gofynnais, gan edrych ym myw ei lygaid yn y gobaith o dreiddio trwy ei galedwch.

Oedodd cyn ateb, 'Roedd o'n marw ar ei draed ers blynyddoedd, on'd oedd?' Doedd hynny'n ateb dim, ond tynnodd fy nagrau. Ychwanegodd ar drawiad, 'Rwy'n gweld y lle yma'n rhy lethol o lawer i ti, ar ôl dy holl brofedigaethau.' Yna trodd ar ei sawdl, mor sydyn â thrawiad calon. Wyddwn i ddim beth i'w feddwl na beth i'w ddisgwyl. A oedd am fy niddymu'n llwyr? Wrth wylio pryf copyn anferth yn gwau yn ôl a blaen yng nghongl y gell ymweai fy meddyliau gan gadw amser ag ef. Yn y pellter clywn glychau eglwys yn canu; ai dyma fy nghnul? Aeth amser yn ddim.

Yng nghanol y diamseredd yma symudwyd y fleiddes ddi-frath o'r Tŵr, i ofalaeth y fonesig Audley. Cefais ryddid ei chartref â'i awyrgylch ysgafnach. Er na welwn lawer arni hi ei hun, medrwn dynnu ambell sgwrs â'r morynion fel y cryfhâi fy iechyd. Wrth orweddian yn fynych â'm llygaid ynghau, gan wahodd cwsg hyd yn oed os na ddeuai, gwrandawn ar eu prepian; prepian ysgafn gwerin bobl. Ar brydiau dygent ataf straeon pell y llys.

Clywais fod Anne, fy merch-yng-nghyfraith, o hyd yn gaeth ar gronglwyd Isobel, a oedd hefyd yn aelwyd i Clarens. Gydag ef byddai'n warchodaeth fygythiol, yn un i ofni'r nos, ond efallai bod gwaed yn dewach na dŵr cyn belled ag yr oedd Isobel yn bod.

Ni fûm yno'n hir; mae'n debyg fy mod yn parhau i fod yn ormod o garcharor â phris ar fy mhen i'm hanghofio'n llwyr. Windsor oedd fy nghyrchfan nesaf; yno cefais ystafelloedd cymen a dillad gweddus. Pan ganiatâi'r tywydd, ac roedd hwnnw mor oriog â dynion, medrwn fynd allan ar y gwalciau i eistedd ac edrych dros y wlad wastad i'r pellteroedd. Weithiau edrychwn tua Ffrainc heb ddisgwyl gweld y wlad eto. Weithiau yn y pellter agos cawn gip ar Edward, Elizabeth a'u plant yn nythaid sicr yn yr olyniaeth wyrgam yma. Llwyddodd Elizabeth lle y methais i; daeth yn frenhines werth ei halen, yn gonglfaen i'r wlad. Âi poblogrwydd y frenhiniaeth dwyllodrus yma o nerth i nerth yn Lloegr, a'r brenin yn arbennig yn ffefryn mawr gan y merched. Roedd bod yn olygus yn rhoi iddo ar yr olwg gyntaf hudlath na fedrai Harri byth fod wedi gobeithio amdani, gyda'i wyneb hirgul, llwyd, y groes bob amser ynghrog wrth ei wddf, a'i ddwylo ynghyd mewn ystum gweddi. Dyna sut roedd e yn ei arch. Sylweddolwn mai ei dduwioldeb llethol a'i fraich wan fu'n bennaf gyfrifol am ei holl helyntion ac a oedd hefyd yn achos fy ngharchariad innau, heb fraint nac anrhydedd yn y byd. Dylasai fod wedi bod yn barotach i wrando arnaf a minnau'n fwy na pharod i fod yn llaw dde iddo. Yn aml wrth droi a throsi drwy'r nosweithiau blin, a chwsg yn chwarae mig yn amlach na pheidio â mi, fy llygaid yn chwyddo o'i golli, a'm meddwl yn ffrwydro'n gandryll i bob cyfeiriad, ymwthiai fy nghyfarfyddiad tyngedfennol â Rhisiart Warwig a Lewis i flaen fy nghof. A gymerais i'r penderfyniad iawn? A welais i lwybr di-droi'n-ôl yn ymagor o'm blaen? A ydyn nhw mor gyfrifol â Harri am fy ing? Aethai'r siom a'r surni yn wermod na fedrwn mo'i lyncu; roedd yn fy nhagu ac yn gwneud imi gystwyo'r muriau â'm dyrnau berfedd nos nes eu codi'n grach. Gwastraffwn hynny o adnoddau meddyliol a feddwn yn cnoi fy nghil ar y gorffennol, gan fod y dyddiau'n fwrn a'r meddwl am drannoeth yn wag fel pydew.

Er fy chwerwder, ni fedrwn gasáu Edward fel person. Roedd lawer yn fwy hynaws tuag ataf na Rhisiart Warwig, y pentewyn sarrug, uchelgeisiol, â'i ach yn ddim ond ffuglen. Sut yn y byd y bu i Nan wirioni cymaint amdano?

Er mor ansylweddol ei phersonoliaeth hi ni fedrwn ei hanghofio. Pellaodd cymeriadau'r gorffennol o un i un. Ni chlywswn na siw na miw o hanes Siasbar er i'w genedl doddi, yn ôl ei hen arfer, i ddiogelwch ei mynyddoedd wedi brwydr Tewkesbury. Oedd eu hŷch mawr, Siasbar, yn dal i wirioni amdanynt, wrth lechu yng nghreigiau Cwm Buga? A wnaent eto aredig iddo? A oedd breuddwyd am fab darogan yn parhau i'w gynnal ac i ysbrydoli eu beirdd? Siawns nad oedd hynny'n amhosibl.

Fu Windsor ddim yn ddinas barhaol i mi; cyn pen dim, fe'm ducpwyd i gartref yr hen dduges Suffolk. Yma, doedd gen i ddim dewis ond turio i'r gorffennol, a'm hatgofion rif y gwlith. Yn ei henaint roedd ei chof hi fel baslart o finiog, er iddi ocheneidio fel pe bai ei chalon fawr ar dorri pan welodd fi fel drychiolaeth o'i blaen â'm gwallt o hyd am ben fy nannedd. Rhyfeddwn na chraciai ei chroen hi, oedd fel gingren fwg gan henaint. Hen wreigan oedd hi i mi pan adnabûm hi yn llances bymtheg oed. Erbyn hyn, roedd wedi torri heb i'w chorff eiddil bylu ei meddwl. Cododd ei hysbryd croyw fi o'm llesgedd. Trochodd fi yn ei charedigrwydd eto nes fy sgwrio'n lân o fudreddi'r carchar. Pan gefais o'r diwedd gychwyn o'i chartref hi am Ffrainc teimlwn fod y rhod wedi troi fel cylch Groegaidd.

Roedd hi'n falch dymuno rhwydd hynt i mi pan dalodd Lewis fy nghefnder, ym mhen hir a hwyr, fy mhridwerth bob ceiniog, cyn colli pob urddas wrth fargeinio'n ddidostur. Ychydig ddyddiau cyn i mi hwylio cawsom ymwelydd annisgwyl, Anne a'i hail ŵr, Rhisiart, dug Caerloyw. Rhyw 'Sut ydach chi?' ddigon oeraidd a gawsant gennyf i ar y pryd. Ni fedrwn dynnu fy llygaid oddi ar ei gŵr, ewach o ddyn, ac yntau'n frawd i'r brenin a

Clarens. Roedd Clarens, os oedd yn ddisa, ac yn geiliog y gwynt, mor brydweddol a thal ag Edward. Cynonyn byr, wynebfain fel ci crebachlyd oedd hwn, hefo un ysgwydd yn uwch na'r llall. Cyw bach salw, ola'r nyth Iorcaidd yn wir, yn llyncu ei eiriau pan siaradai nes ymddangos yn dawedog hyd ddiflastod ac mor fewnblyg â chrwban. Cyflwynodd Anne ef imi heb gysgod gwên a herciog fel pystylad ceffyl fu ein sgwrs ar y dechrau. Cynhesodd ati pan holais am ei mam.

'Mynd i weld y brenin ynglŷn â hi ydw i,' meddai, 'Welis i byth mo'ni er y diwrnod hwnnw. Ma' hi'n dal yn Beaulieu, yn gaethach na chaethwas.' Ychwanegodd wedyn, 'Hwyrach ych bod chi'n meddwl mai dyna'i haeddiant. Ca'l 'i hanwybyddu fel llwch mewn cornel weddill 'i hoes.'

'Na, Anne fach,' meddwn i. 'Dydw i ddim yn dal dim cnegwarth o ddig. Dw i'n rhy hen neu'n rhy gall i neud hynny atoch chi'ch tair bellach. Dydych chi, mwy na finna, yn ddim ond cŵn corddi ar olwyn bywyd am inni fod y rhai ydyn ni. Sut mae Isobel?'

Erbyn hyn roedd y dagrau yn cronni gymaint yn ei llygaid nes ei bod bron â methu cael ei geiriau allan. Dan ei gwynt y dywedodd, 'Ma' hi ar 'i gwely anga, ond fedra i ddim mynd ar 'i chyfyl hi.'

Yna poerodd Rhisiart allan, 'Dyna'i haeddiant. Ma' hi a Clarens wedi cam-drin digon ar hon; 'i thrin hi fel baw. Fi achubodd 'i cham hi.'

Dyn a'i helpo os bu raid iddi ddibynnu ar hwn am drugaredd. Aeth ymlaen yn ei lais crafog, fel peiriant ar dorri i lawr, 'Doedd hi ddim yn ca'l hannar llond 'i bol o fwyd . . .'

Torrodd Anne ar ei draws fel petai'n ofni iddo fethu â llyncu ei boer, 'Mi o'dd hi'n go lew yno i ddechra nes i Isobel fynd yn ddi-hwyl. Ma' hi wedi bod yn beichiogi bob troad y rhod, a rŵan ma' hi'n methu symud â'r diclên.'

'Diawl pen pentan ydi 'mrawd,' ychwanegodd Rhisiart. 'Mi ges i hen ddigon o'i driciau o pan gynigiais i briodi hon, a ma' gen i gymaint o hawl â fynta ar stada Rhisiart Warwig. Mi fuo'n trio 'mhardduo i gerbron y brenin; fi fu mor driw â neb drwy bob helynt. Ond mi wyddost am Clarens a'i ''welwch chi fi fawr'' bob amser a rŵan ma'r Lewis 'na o Ffrainc, sy'n perthyn i ti, wedi dechra bwydo'r uchelgais honno. Mae o'n mynd i fod yn goflaid o ofalon i Edward a finna, yn faen melin am ein gyddfa ni.'

Ydi, rwy'n sicr, meddyliais, ond ni ddywedais air, er fy mod yn gweld ymhellach na blaen fy nhrwyn. Medrodd yr hen dduges Suffolk roi'r geiriau oedd yn crimstio ar flaen fy nhafod ar goedd,

'Roedd gan Rhisiart Warwig dipyn o eiddo on'd oedd,' meddai, fel petai'n wirion o ddiniwed, a hithau'n gwybod o'r gorau iddo fod yn berchennog ar hanner Lloegr.

'Stad rhy fawr i ddynes ei rhedeg bid siŵr,' meddai Rhisiart.

Druan o Nan. Ganddi hi, felly, roedd y gair olaf o hyd. Doedd ryfedd bod hwn am ei swcro. Sut yn y byd y bu i Anne ei briodi a'i awch mor amlwg â'r wawr? Ai priodas wneud oedd hon eto? Ni fedrwn ofyn hynny iddyn nhw'n blwmp ac yn blaen a bu raid i mi ffrwyno fy nghywreinrwydd, fel merlyn heb ei dorri, nes iddyn nhw ymadael. Fodd bynnag, prin eu bod wedi cyrraedd yr adwy na thorrodd geiriau'r dduges yn argae am fy mhen. Yn unol

â'i harfer roedd hi wyneb yn wyneb â phob stori. Meddai,
'Priodas neud ydi honna eto. Pris 'i rhyddid oddi ar aelwyd
galed Clarens. Wnath o ddim cywilyddio gronyn chwaith
'i fod o'n mynnu 'i llaw hi'n unig er mwyn gosod 'i ddwylo
blewog 'i hun ar 'i hetifeddiaeth anferth hi. Mae o'n edrych
ar honno fel 'i iawndal am fod yn was bach i'r brenin a
rŵan mae o am gau pen y mwdwl trwy dynnu Nan eto
dan 'i bawen. Nid ar chwara bach y ca'th o Anne dan 'i
bawen chwaith. Roedd hi'n ddigon o gywen o leia i godi'i
phac pan gafodd hi wynt o'i fwriad, a mynd i guddio fel
morwyn cegin yn un o blastai'r stad. Ond a'th hi ddim
yn ddigon pell. Mi gododd nyth cacwn pan ddiflannodd
rhywun mor amlwg â hi, ac mi fu yna hen chwilio a chwalu.
Unwath y ca'th o afael arni wedyn mi rhoddodd hi dan
glo, fath â deryn mewn caets, tra oedd o, y gwalch, yn
trio dal clust y brenin. Dyna be ydi priodas trwy drais.
Does dim syndod 'i bod hi'n edrych mor biblyd er na wnâi
hi erioed ail Eigryn.'

Na wnâi. Fy nghyn ferch-yng-nghyfraith i, ond o leiaf
roedd ganddi hi blentyn yn ei chroth i'w chysuro.

Ym mil pedwar saith pump y dychwelais i'm hen gartref
yma yn Anjou lle y medrais gysuro fy nhad yn ei hen
ddyddiau, ar ôl bod gyhyd ag oes yn achos cynnen ac yn
wystl dideimlad ar fwrdd trafod rhwng Lewis ac Edward.
Bu Edward yn ddigon o hen ben i wneud yn fawr o'i gyfle
ariannol a gwasgu'r ddimai olaf o gwd Lewis, gwaetha'r
modd i mi, heb ymrwymo ei hun eto i ryfel diddiwedd
a hunllefus. Cyraeddasai'r Lloegr ar ei newydd wedd yn
llaw'r Iorciaid sefyllfa lle y medrai unwaith eto fargeinio
a bygwth. Trwy briodas ei ferch roedd Edward yn

benderfynol o impio'r gangen ar lysoedd Ewrop, gan obeithio fod llwyddiant felly'n siarad yn huotlach na chytundeb cynhyrfus Arras ddeugain mlynedd ynghynt. Er i Edward lanio yn Ffrainc gyda'r fyddin fwyaf a welwyd erioed, aeth adref ar gefn ei geffyl, ei goffrau'n drwm a synnwyr cyffredin am unwaith wedi ei feddiannu.

Roedd llawer o'm teulu i wedi diflannu i dir angof tra rhydwn yng ngharchar a threuliais y blynyddoedd diwethaf yma er marw fy nhad yn rhifo fy nyddiau ac yn cael fy mhluo o hynny o eiddo a adawyd imi gan Lewis. Nid anghofiodd byth iddo dalu pridwerth mor uchel drosof. O dro i dro caf ymwelwyr, Siasbar a'i nai, Harri. Ar herw y maen nhw o hyd, â chymaint pridwerth ar ben y ddau fel na feiddiant ddychwelyd i Gymru. Da o beth fod Siasbar yn ddigon o ieithmon i dreulio ei flynyddoedd, er yn ei benwynni, yn llys Llydaw. Yno y chwythwyd ef pan ddihangodd o guddfannau Cymru wedi brwydr Tewkes-bury. Er iddo dderbyn pob cysur â llaw agored yno, fe deimla flaen cyllell Lloegr rhwng ei asennau yn ei alltudiaeth hir. Er pan waddolwyd ei dir a'i enw mae fel gwylan fôr ei arfbais, heb le i roi ei draed i lawr, y Saeson am ei waed trwy deg neu dwyll ac yn gosod y cyhuddiad o lofruddiaeth yn ei erbyn ac yntau heb wneud dim ond amddiffyn ei fywyd yng Nghaerllion, a minnau mor ddi-rym ag iâr fach yr haf i'w gynorthwyo.

F'unig drysor yw'r llun a ladratawyd i Harri, ac a ddychwelwyd imi yn y Tŵr gan Edward. Cafodd fy nhad ei oglais pan welodd ef, heb sylweddoli faint a gostiodd y lladrad i mi. Yn ddiweddar, pallodd llythyrau yr hen dduges Suffolk, rhai maith oedd yn llawn hanesion am hwn a'r llall. A hithau mewn gwth o oedran cafodd ei galw i'w hir gartref. Clywais ganddi i Edward IV drefnu priodas i'w fab yn ieuanc iawn. Hi hefyd a soniodd am gwerylon y brenin a Clarens. Wedi i Isabel farw mynnodd Clarens briodi Mair o Fwrgwyn a chodi bwganod mai plentyn siawns oedd fy mhlentyn i. Aeth yn gymaint o dortyn nes iddo dyfu'n bwnc siarad ledled Ewrop. O'r diwedd carcharodd Edward yntau yn y Tŵr gan beri i mi chwerthin yn fy llawes. Pan glywais wedyn iddo foddi mewn casgen o win roeddwn uwchben fy nigon.

Cnaf du oedd Clarens, heb ffeuen o synnwyr pen bawd. Meddai ar atyniad personol fel Edward, ond roedd mor anwadal ag addewid mewn diod.

Mae'n edrych i mi fel petai barn Duw ar yr Iorciaid am eu teyrnlofruddiaeth a'u camdriniaeth o'm mab. Ni fedraf beidio ag ymhyfrydu yn eu haeddiant. Gwn fod bysedd gwaedlyd y weithred yn mynd i dynhau eu gafael yng ngwar dyfodol teulu sydd â brawdladdiad wedi cael y gorau arno. Hyd yn hyn pery haul Edward ar ei anterth a thorheula Rhisiart yn ei danbeidrwydd. Aeth Nan i gartrefu gydag ef ac Anne yn Middleham ers blynyddoedd, a'r unig beth a bery ar goedd amdanaf i yng nghynteddau'r llys yw chwerwedd. Yn ddi-feth, os sonnir am ein teyrnasiad tua Lloegr, cyfyd rhyw arglwydd hunangyfiawn ei lais i edliw f'ymyrraeth â llywodraeth Harri. Haerant y gallasai Harri fod wedi teyrnasu'n ddiddrwg-ddidda am flynyddoedd hebof i. Aeth rhai pobl cyn belled â'i ddyrchafu'n sant a merthyr gan offrymu iddo weddi, fel:

> Ti oeddit dywysog gostyngedig a hynaws,
> Yn amyneddgar mewn adfyd,
> Felly'n derbyn coron haeddiannol
> Mewn gwynfyd llawn dedwyddwch,

Lle bo llawenydd yn ddi-drai;
Ym mha wynfyd y'th osodwyd
Gan Frenin gras yn y fangre ardderchocaf.

Fi oedd y swmbwl yn y cnawd. Ai dyna fydd barn hanes amdanaf? Er lles fy ngŵr y ceisiais wneud popeth; rhoi iddo etifedd a bod iddo'n asgwrn cefn o haearn Sbaen. Beth mwy allasai gwraig ei wneud? Fy ngwobr yw pydru yma'n unig a'r peswch marwol yn f'ysigo ddydd a nos. Os ymestyn fy mywyd lawer yn hwy bydd raid i mi, frenhines Lloegr unwaith, gardota yn fy hirlwm am fy mara beunyddiol. Nid oes i mi, fel Siasbar a'i nai Harri, gred ddi-sigl mewn mab darogan i'm cynnal.